LE DERNIER SCHELLING

RAISON ET POSITIVITÉ

BIBLIOTHÈQUE D'HISTOIRE DE LA PHILOSOPHIE

NOUVELLE SÉRIE

Fondateur : Henri GOUHIER Directeur : Jean-François COURTINE

LE DERNIER SCHELLING

Raison et positivité

Publié sous la direction de

Jean-François COURTINE

et

Jean-François MARQUET

PARIS

LIBRAIRIE PHILOSOPHIQUE J. VRIN

6, Place de la Sorbonne, V^e

—

1994

Printed in France

ISSN 0249-7980

ISBN 2-7116-1189-2

AVANT-PROPOS

Depuis dix ans, notre connaissance du dernier Schelling s'est considérablement enrichie : de nombreux documents jusqu'alors inédits (leçons, carnets, brouillons) sont venus au jour, permettant d'introduire une périodisation plus fine dans le dessein d'une pensée qui, si elle s'était trouvée dès 1827, a mis encore plus d'un quart de siècle à prendre possession d'elle-même, sans jamais du reste accorder à son auteur le repos d'avoir dit son *dernier* mot.

Du fait de ce développement de la recherche, l'obligation s'imposait de s'interroger à nouveau sur le statut ambigu de cette philosophie double, à la fois positive et rationnelle, ouverte à la libre singularité de l'existant comme à l'universalité rigoureuse du concept. Cette tentative de faire le point, on la trouvera développée dans les textes qui suivent, et qui répercutent un colloque organisé les 4 et 5 juin 1992 par le GDR *Schellingiana* (C.N.R.S.) dans le cadre de l'École doctorale de Philosophie de l'Université de Paris IV – Sorbonne.

J.-F. MARQUET

TEMPORALITÉ ET RÉVÉLATION

L'idée de révélation, dans sa dimension théologique, est sans aucun doute intimement liée à une conception, qui peut demeurer implicite, du temps et de l'histoire : la Révélation advient dans le temps dont elle brise la linéarité et l'itération : l'absolu, par son irruption dans un horizon temporel, fait événement et inaugure une histoire spécifiquement scandée, celle du salut, par exemple.

Pour une réflexion philosophique qui, comme celle de Schelling, s'attache au concept et au phénomène de la révélation, sans pour autant partager quelque souci d'orthodoxie, sans se donner ni comme philosophie chrétienne, ni comme "philosophie révélée", l'enjeu véritable de l'enquête qui décide de prendre appui sur des documents positifs – qu'il s'agisse de récits mythologiques, littérairement attestés, qu'il s'agisse de mythologoumènes généraux, ou enfin de ces archi-documents qui se laissent rassembler sous le titre emphatique d'Écritures –, est un "élargissement" *(Erweiterung)* de la philosophie. Que cet élargissement entraîne par ailleurs un radical changement dans la nature même du projet philosophique et de sa visée systématique, c'est là une autre affaire que nous ne pouvons pas aborder ici, maintenant, et qui a déjà été traitée par le Père Tilliette, dans ses réflexions sur le "passage" de la philosophie négative à la positive [1].

La question qui nous retiendra à présent est un peu différente et, en un sens, préalable : il s'agit de la question de savoir si l'interprétation schellingienne de la temporalité, telle qu'elle est

1. Cf. ici même, pp. 51-63 et « Deux philosophies en une », in *Actualité de Schelling*, éd. G. Planty-Bonjour, Paris, Vrin, 1979, pp. 89-106.

élaborée dans les premières versions des *Weltalter* – en rupture tranchée avec la subordination du temps à l'éternité, caractéristique de la dite Philosophie de l'Identité – forme comme un présupposé indispensable à l'étude du concept de révélation dans la dernière philosophie et si, en retour, la thématique positive d'une histoire supérieure, intégrant les différentes mythologies, les mystères païens, les théophanies juives de l'Ancien Testament et l'apparition du Fils, remet en question l'analyse du temps ou mieux de l'organisme des temps, du système des temps, explicité dès 1811 au fil conducteur d'une enquête centrée sur ou en tout cas illustrée par la temporalité humaine extatique et finie.

Il est assez clair que Schelling lui-même a voulu marquer la continuité de sa démarche depuis le grand projet inabouti des *Âges du monde* jusqu'aux ultimes remaniements de la dernière philosophie en fonction de la disjonction de la négative et de la positive. La publication, naguère, de la *Grundlegung der positiven Philosophie*, due à Horst Fuhrmans, suffisait à l'indiquer, et les différentes *Nachschriften* récemment publiées du premier enseignement munichois, en 1827-1828, sous l'intitulé significatif de *System der Weltalter* l'attestent aujourd'hui de manière définitive.

Dans une perspective plus systématique qu'historico-philologique, je me propose donc d'aborder successivement les points suivants :

Après avoir rappelé très schématiquement la nouveauté schellingienne de l'interprétation du temps ou mieux de la temporalité dans les premières versions des *Weltalter,* je m'efforcerai ensuite de distinguer les différents concepts schellingiens d'*Offenbarung,* d'une conception large ou "universelle" à une conception "stricte" ou "supérieure", avant d'esquisser pour finir une confrontation entre l'interprétation hégélienne et l'interprétation schellingienne de la révélation, susceptible, je l'espère, de faire ressortir la portée, l'originalité et la fécondité de l'approche schelligienne de l'organicité et de l'immanence du temps dans son ajointement extatique.

Je commence par rappeler très brièvement les principales lignes de force de l'interprétation schellingienne de la temporalité, telle qu'elle sous-tend le grand projet des *Âges du Monde*. Que cette interprétation, pour des raisons à la fois phénoménologiques et théologiques, se distingue d'emblée de ce que Heidegger a caractérisé, dans une note célèbre de *Sein und Zeit* (§ 82), comme la conception "vulgaire" du temps, celle qui domine depuis le traité aristotélicien (*Physique* IV), jusqu'à Hegel et au delà, Bergson compris, on peut considérer le point comme acquis, si du moins on accorde à Heidegger que le trait dominant de la conceptualité vulgaire est d'aborder le temps à partir du maintenant et de son privilège ontologique : le maintenant est, du temps, cela qui *est* (emphatiquement), fût-il réduit à un point (στιγμή). J'hésiterai cependant à affirmer avec Pascal David, récent et excellent traducteur des *Urfassungen,* qu'avec son concept d'organicité du temps Schelling est le premier à proposer une conception non-métaphysique de la temporalité [1]. – Dans cette perspective, à laquelle nous ne pouvons pas nous attacher ici, il faudrait examiner précisément aussi ce qui lie intimement la méditation schellingienne de la temporalité à la métaphysique de la volonté qui trouve sa formule canonique dans les *Recherches* : « En dernière et suprême instance, il n'y a pas d'autre être que le vouloir. Vouloir est l'être primordial [...] » (*SW*., VII, 350). La philosophie ultérieure restera fidèle à ce motif rémanent selon lequel il n'y a de révélation que de la volonté ! Ce qu'il y a par ailleurs de remarquable et digne de question dans le passage bien connu des *Recherches* cité à l'instant, c'est que Schelling poursuit en assignant au vouloir comme archi-être les attributs qui conviennent traditionnellement à l'être : « absence de fondement, éternité, indépendance à l'égard du temps, auto-affirmation ».

À vrai dire, s'il fallait chercher dans les *Recherches* de 1809, le premier amorçage d'une nouvelle pensée de la temporalité, en rupture franche avec les déterminations de la Philosophie de l'Identité qui faisait de la temporalité une catégorie de la finitude, radicalement étrangère à l'Absolu, éternel et hors temps, c'est sans doute moins vers la célèbre dissociation du "fond" et de l' "existence" qu'il faudrait se tourner, que vers l'idée du dieu en

1. Cf. Pascal DAVID, Postface à sa traduction française, Paris, P.U.F., 1992, "La généalogie du temps", pp. 341-342.

devenir, de l'absolu appréhendé comme vie, force, antagonisme et jeu des forces : « lebendige Einheit von Kräften ».

Mais j'en viens aux *Weltalter* pour y souligner d'abord ce que l'on peut y caractériser comme une phénoménologie de la conscience interne du temps, attentive d'abord à la multiplicité de ses aspects, à sa "multilatéralité", et à l'articulation tendue de ses dimensions ou de ses strates : « Wie vielgestaltig ist das Ansehen der Zeit ! » – « Que de facettes offre le temps ! » s'étonne Schelling au seuil de la première version. Pour tenter de prendre en vue le temps dans ses différentes facettes, la démarche de Schelling consiste d'emblée à "prendre les choses de manière humaine". Autrement dit à se tourner non pas prioritairement vers le temps physique ou le temps du monde, mais à s'engager résolument dans ce qu'il nomme aussi des "considérations éthiques" afin d'étudier par exemple comment le rapport au temps, ou mieux le *trait* temporel est constitutif de la conscience, s'il est vrai que celle-ci est tout à la fois – *zugleich,* du même coup – conscience de quelque chose qui est exclu et conscience de quelque chose qui tire en avant, qui attire *(ausgeschlossen, angezogen)* (*WA.*, *SW.*, VIII, 262-264). Ainsi Schelling entend-il d'abord étudier les relations entre le caractère intelligible de l'homme et sa liberté temporelle et finie, ou encore, et de manière privilégiée, examiner la scansion dynamique des temps au moment de la décision :

> Seul l'homme qui a la force de s'élever au dessus de lui-même est capable de se doter d'un véritable passé, seul il jouit d'un véritable présent comme il est seul à affronter un authentique avenir ; ces *considérations éthiques* suffisent à montrer que passé, présent et avenir ne sont pas de simples concepts de relation au sein d'un seul et même temps, qu'ils sont au contraire, en vertu de leur signification la plus haute, des temps effectivement différents entre lesquels il y a place pour un échelonnement et une gradation. [1]

De telles "considérations éthiques" conduisent Schelling à opposer ce qu'il nomme l'organicité du temps au temps mécanique, linéaire et indéfini dans lequel se trouveraient situées, pour

1. *Urfassungen*, éd. Schröter, p. 223.

y résister ou s'y laisser emporter, toutes choses. Le temps organique est un temps intérieur, immanent, conformément auquel on peut dire, comme le suggéraient déjà les *Conférences de Stuttgart* que : « Chaque chose a son temps en soi-même [...] Il n'est point de temps *extérieur*, commun ; tout temps est subjectif, c'est-à-dire un temps interne que toute chose a dans soi-même, et non en dehors de soi »[1]. De cette thèse de la subjectivité radicale du temps, à laquelle Kant n'a pas réussi à s'élever, les *Weltalter*[2] vont tirer deux corollaires décisifs. Si toute chose « n'a qu'un temps interne, propre à elle-même, qui lui est inné et inhérent », si le temps n'est pas « un principe extérieur sauvage et inorganique », mais un principe intérieur, celui-ci est toujours présent et là tout entier, jusque dans la diversité écartelée de ses dimensions opposées, enfin et surtout il n'est plus permis de soutenir que les choses naissent dans le temps, mais il faut dire bien plutôt que c'est « *en* toute chose que le temps naît à nouveau immédiatement » et donc que pour chaque chose son temps est « lui aussi en chaque instant tout son temps »[3]. Mais ce temps interne, authentique ne doit pas être conçu comme un flux avec lequel se confondrait la conscience en un enveloppement continu. La temporalisation présuppose toujours séparation, scission, différenciation des forces.

Même « celui qui se contente de prendre le temps, tel qu'il se présente, sent en lui un conflit entre deux principes : l'un qui incite à aller de l'avant, qui pousse au développement, l'autre qui réfrène, qui retient et contrarie le développement. Si ce dernier n'offrait pas de résistance, il n'y aurait pas de temps, parce que le développement se passerait en un instant, sans répit ni succession ; et si le second principe n'était pas constamment surmonté par le premier, il y aurait repos absolu, mort, léthargie [...] »[4].

Le temps ne peut se déployer – et c'est bien de cela dont il est question dans les *Weltalter*, qui proposent aussi une *Genealogie der Zeit* – le temps ne peut se déployer dans la multiplicité de ses facettes, dans la diversité de ses dimensions extatiques que s'il se

1. *S.W.*, VII, pp. 430-431.
2. *Urf.*, pp. 79, 84.
3. *Urf.*, p. 79.
4. *Urf.*, p. 122, tr. cit., p. 146.

fait (“faire du temps”, “faire de l’espace”)[1] à travers une lutte ou en tout cas une tension permanente de différents principes, instances ou puissances. Si Schelling est bien, en un sens, penseur de la décision, de l’ouverture de et à l’avenir[2], c’est aussi et surtout peut-être parce qu’il cherche à prendre en vue la profondeur des temps, parce qu’il réussit à saisir comme retenue, retrait, contraction, résistance la force qui retarde et qui permet à tout ce qui advient d’arriver en son temps, à “son heure” : «Nous pressentons qu’un organisme réside, profondément enfoui, dans le temps, et cela jusqu’en ses plus intimes divisions. Et nous sommes convaincus … que tout événement majeur, que toute action d’éclat riche de conséquences a son jour, son heure, son moment prescrits ; qu’aucune ne paraît au grand jour ne fût-ce qu’un rien de temps avant que n’y consente la force qui retient et tempère les temps »[3].

Si cette force de résistance faisait défaut, « si tout ce qui est était posé d’emblée et simultanément comme passé, si tout étant était posé comme présent, et si cette suprême unité à venir des deux était posée comme effective, […] il n’y aurait pas de temps, mais une éternité absolue », note encore Schelling[4]. Ainsi le temps qui surgit à chaque instant en entier, est-il d’abord soutenu par une “disjonction polaire”[5] ou encore une “dissociation dynamique” par laquelle seulement se trouvent conjointes les extases du temps, d’un temps qui n’est donc authentiquement temporel, susceptible de nouveautés imprévisibles, de commencements véritables que dans le mesure où demeure en lui, en *réserve,* un principe originel de contraction et de retrait, fondement de tout “être-propre”, de toute “ipséité”.

1. *Darstellung des philosophischen Empirismus*, *S.W.*, X, p. 253.

2. *Urf.*, 119 ; tr. fr., p. 143 : « […] L’homme qui n’est pas capable de se séparer de lui-même, de se détacher de tout ce qui lui est advenu et de s’y opposer activement, n’a pas de passé, ou bien plutôt il n’en sort jamais, il vit constamment en lui. La conscience d’avoir quelque chose derrière soi, comme on dit, c’est-à-dire de l’avoir posé comme passé, est pour l’homme bienfaisante et salutaire ; c’est seulement ainsi que l’avenir lui devient radieux et léger, et c’est à cette condition seulement qu’il peut se proposer aussi quelque chose […] ».

3. *Urf.*, p. 14.

4. *Urf.*, p. 74.

5. *Ibid.*, p. 75.

Que cette entreprise de “généalogie des temps”, attentive à sa diversité ou mieux son auto-différenciation et à son organicité, se développe à la mesure d'une spéculation trinitaire ou plus largement théo-cosmogonique où se superposent les principes dont la disjonction sont à l'origine de toute temporalisation, où les “puissances” présentes implicitement dans l'*Urwesen* se distinguent en personnes, et celles-ci en périodes, voilà qui n'est ni indifférent ni fortuit. Voilà aussi ce qui peut programmer une discussion interminable pour savoir qui de la spéculation trinitaire et théogonique ou de la généalogie du temps a la priorité et commande l'ensemble de l'économie des *Weltalter*. Que l'engendrement *(Zeugung)* du Fils par exemple coïncide avec « le premier et véritable commencement du temps »[1] ou que le Fils soit d'emblée conçu comme le “conciliateur” *(Versöhnender)* qui tout à la fois tempère et extériorise la force contractante et le retrait du Père, ou encore que ce qui “presse vers l'avenir”, ce soit l'amour – « car c'est seulement grâce à l'amour que le passé est abandonné » –, autant de thèmes qui mériteraient assurément une étude détaillée, en particulier quant à leur possible ou nécessaire inscription et répétition dans le système des temps. Devant laisser ici ouvertes ces questions, nous retiendrons simplement de ce trop rapide survol la thèse que, si l'instance paternelle est bien, à titre de force contractante, le principe de la génération du Fils, – en se contractant elle se retire dans le passé, c'est-à-dire creuse la dimension du passé –, cette instance ne devient elle-même identifiable comme telle, comme Père, que par la force de résistance qu'elle offre ainsi au Fils, de sorte qu'il faut dire en vérité, “le Père est Fils du Fils”[2]. « Avant le Père, le Fils lui non plus n'est pas ; seul est la nature renfermée, latente de la divinité non épanouie ». Ce qui signifie aussi, au plan temporel qui nous intéresse directement, que l'éternité doit à son tout être envisagée comme “fille du temps” : « L'éternité n'est pas par elle-même, elle n'est que par le temps ; le temps précède donc l'éternité selon l'effectivité [...] »[3].

Ainsi Schelling n'exceptant pas la divinité de la loi générale selon laquelle chaque chose a son temps, vient en son temps, et

1. *Ibid.*, p. 77.
2. *Urf.*, p. 59.
3. *Ibid.*, p. 73.

porte en elle, de manière immanente, le temps en son entier qui, à chaque instant, est aussi tout le temps, peut-il caractériser la fonction primordiale de la création – première manifestation générale de Dieu ou l'absolu – comme « explicitation, élucidation du temps en réserve dans l'Éternel »[1]. Poser ainsi le temps en Dieu même, s'attacher à dévoiler et à comprendre la temporalité ou temporalisation divines, en parallèle strict à la temporalité humaine, cela ne signifie pas simplement concevoir comment et à quelles conditions le Dieu se manifeste dans l'histoire, ou comment l'Esprit à travers sa phénoménalisation temporelle (finie) reconquiert ses déterminations permanentes en vue d'une parousie définitive, mais bien plutôt cela aboutit à introduire la disjonction temporelle jusqu'au cœur de l'éternité sans fond de l'essence divine, à creuser jusqu'à la nuit des temps[2].

Pour tenter de mettre en lumière l'articulation stricte temporalité – révélation, c'est-à-dire aussi bien souligner le caractère intrinsèquement temporel de toute révélation et corrélativement le trait épiphanique de la temporalité extatique elle-même, il faut d'abord distinguer, avec Schelling, différents concepts de révélation *(Offenbarung),* ou mieux des spécifications complémentaires du concept d'*Offenbarung*. Au concept le plus large, celui de révélation en général qui intègre la procession trinitaire et la création, Schelling oppose le fait singulier de l'Incarnation du Christ. C'est ainsi que dans les *Recherches* de 1809 déjà, Schelling ne s'interrogeait d'abord sur ce qu'il nommait l' "universel" de la révélation, lié sans doute à la métaphysique de la volonté, et en dernière instance à l'antagonisme et à la complémentarité du

1. *Ibid.*
2. *Urf.*, p. 210 : « Le caractère successif des opérations divines doit avoir son fondement et sa raison d'être dans les profondeurs les plus intimes de la divinité ». – « S'il y a bien quelque chose de tel que des temps de la révélation divine, pourquoi des temps ne seraient-ils pas pensables en cette révélation la plus précoce et la plus universelle par laquelle fut posé le fondement de toute révélation ? Pourquoi serait-il impossible que l'obscur concept de l'éternité précédant le monde se décomposât à nouveau en temps aux yeux de qui en a une vue profonde, tout comme les nébuleuses dont le vague halo semble flou à l'œil profane se décomposent en astres distincts aux yeux armés d'un télescope ? » (*Ibid.*, tr. cit., p. 210).

Grund et de l'*Existenz*, que pour souligner ce phénomène unique qui en constitue comme le point culminant et même la "fin", à savoir le Christ. Par où le concept strict, étroit ou supérieur de révélation désigne éminemment la Révélation chrétienne, en tant qu'elle s'oppose au paganisme et à la mythologie :

> Par *Révélation*, considérée dans son opposition à la mythologie et au paganisme, nous ne comprenons rien d'autre que le *christianisme* ; car la révélation vétéro-testamentaire n'est encore que le christianisme, obscurément appréhendé, pressenti, dans la mesure où ce n'est que dans le christianisme et par lui qu'elle est elle-même conçue. On peut dire aussi : Dans une philosophie de la Révélation il s'agit uniquement ou encore prioritairement de concevoir la personne du Christ. [1]

Ainsi, l'objet de la philosophie de la révélation, au sens strict, c'est bien le Christ, mais le Christ lui-même envisagé comme "fait", plutôt que comme le fondateur d'une "doctrine" à laquelle il conviendrait de se référer fidèlement, au fil conducteur d'une tradition interprétative des événements, des récits, des paroles.

Mais en retour, pour comprendre ou concevoir le contenu de la révélation (au sens strict) – et telle est la première tâche d'une philosophie de la Révélation –, celle-ci doit d'abord s'étendre bien au-delà du phénomène historique du christianisme : « Elle comprendra encore plus et autre chose que la seule Révélation ; qui plus est, elle ne comprendra *celle-ci* que parce qu'elle aura préalablement compris autre chose, à savoir le Dieu *effectivement réel* » [2].

C'est en ce sens, et en vertu de cet élargissement que la philosophie de la révélation est aussi une conséquence ou une partie – une "application" – de la philosophie positive [3]. La philosophie positive ne se confond donc pas avec la philosophie de la révéla-

1. *S.W.*, XIV, p. 35. Cf. aussi XI, p. 180.

2. *S.W.*, XIII, p. 141 ; tr. fr., *Philosophie de la Révélation*, livre I, Paris, P.U.F., 1989, p.166.

3. *S.W.*, XIII, p. 174 : La philosophie de la révélation est « Anwendung der positiven Philosophie ». – *S.W.*, XIII, p. 141 : La philosophie de la révélation n'est certes pas "la philosophie positive elle-même", mais elle en constitue bien "une conséquence ou une partie".

tion, pas plus que cette dernière ne se confond avec une quelconque “philosophie révélée” *(Offenbarungsphilosophie)* dont la Révélation serait la source, de droit.

Qu’est-ce qui fait d’abord la positivité de la philosophie de la Révélation ? Assurément son historicité[1]. Elle se fonde sur des “faits positifs”, non pas au sens où Hegel et Hölderlin attaquaient dans leur jeunesse la “positivité” de la religion, mais en ceci que la philosophie positive a affaire à des actes *(Thaten)*. Le fondement ultime de la positivité est en effet, pour Schelling, toujours la volonté qui ne peut se manifester, dans sa liberté, que par le “fait”, en agissant, ou, comme on dit justement en français, en passant à l’acte. La *révélation* – comme aime à le répéter Schelling – *est toujours en dernière instance révélation de la volonté* (XIV, 10) ; or celle-ci ne se dévoile comme telle, n’est véritablement elle-même, comme volonté voulante que par l’acte, par l’exécution :

> Aussi longtemps qu’une volonté n’est que volonté et n’a pas transité à l’acte, elle demeure secret, mais l’acte est sa manifestation. [2]

De la volonté divine en particulier, on ne peut, en principe, rien savoir sans la révélation : « Cette volonté est le secret κατ’ ἐξοχήν ». La Révélation, au sens le plus élevé du terme est donc « révélation de cette volonté » [3]. Telle est d’ailleurs aussi la raison pour laquelle il ne saurait y avoir de savoir *a priori* du positif : Le Dieu créateur n’est lui-même accessible qu’à travers sa décision, son acte *(die That)*, c’est-à-dire toujours à travers ce

1. L'opposition “philosophie historique” – “philosophie logique” a préparé, à l'époque de l'enseignement munichois la division un peu plus tardive de la “positive” et de la “négative”. Cf. H. FUHRMANS, “Dokumente zu Schellingforschung”, in *Kantstudien* (47), 1955/1956 et (51), 1959/1960.

2. XIV, p. 11 : « Solange ein Wille nur Wille ist und nicht in That übergegangen ist, solange ist er Geheimniß, aber die That ist seine Manifestation ». – De la volonté divine, on ne peut, en principe, rien savoir sans la révélation : « Dieser Wille ist das Geheimniß κατ’ἐξοχήν ». La Révélation, au sens le plus élevé du terme est donc « Offenbarung dieses Willen. Kein Wille aber offenbart sich anders als durch die That, durch die Ausführung » (XIV, p. 26).

3. *S.W.*, XIV, p. 26.

qui ne peut jamais être connu qu'après coup, ce qui ne se laisse par principe jamais anticiper. Mais si la création elle-même – commencement du monde et temporalisation inaugurale du temps, d'abord saisi comme temps du monde – doit être pensée comme cette archi-révélation par laquelle est surmontée la force obscure du Père, sa réclusion et son enténèbrement, une seconde révélation analogue à la première, à celle de la création initiale, doit intervenir comme en réponse à la "catastrophe" en laquelle le premier homme a entraîné toute la nature, lui à qui Dieu avait remis le destin de sa création. C'est la signification de l'homme dans la création, la mission à lui confiée et le renversement qu'il a opéré dans l'équilibre des puissances (théo-cosmogoniques) qui expliquent la nécessité de différents degrés de la révélation.

Arrêtons-nous un instant sur ce point : la première création achevée reposait en l'homme comme en un "fond mobile", mais la mobilité ici évoquée était celle de l'équilibre des puissances où se trouvait dominé et intériorisé le principe rebelle (B) qui fait le fond de la création. Rupture de l'équilibre des puissances, extra-position du principe aveugle de l'*être-hors-de soi,* la Chute est aussi bien, note Schelling, "déchirement de la conscience", et par là précisément origine du monde "extra Deum". « L'homme peut se vanter d'être le créateur de ce monde extérieur [...] ce monde-ci [...] C'est lui qui a posé le monde hors de Dieu...il peut appeler ce monde *son* monde [...] <l'homme> a certes tiré le monde à soi », mais il s'agit « du monde dépouillé de sa gloire, divisé d'avec soi-même », celui qui « une fois coupé de son véritable avenir, cherche en vain sa fin et, engendrant ce temps faux et de pure apparence, se répète toujours lui-même dans une triste uniformité ».

« Par cette catastrophe – poursuit Schelling – nous sommes pour ainsi dire coupés des événements précédents, de notre propre passé [...] <par là> un voile a été jeté sur toute la création, laquelle renferme en fait l'histoire de notre passé antérieur ; aucun mortel ... ne peut assurément lever le voile, ne peut l'ôter ». – Pour lever le voile, mais aussi pour mettre fin au procès qui désormais se reproduit, comme procès mythologique, dans l'espace étroit de la conscience humaine, il faut une seconde révélation, une « révélation au sens le plus déterminé du terme ».

Le procès mythologique, les mystères païens, tout comme l'économie spécifique des théophanies de l'Ancien Testament définissent ainsi un concept "large" de Révélation, même si la figure du Christ en demeure la clef reconnue comme telle après coup. Il est celui qui proprement dévoile le mystère *(Geheimnis)*, μυστήριον, le "plan" ou le "dessein" conçu par Dieu dès avant la fondation du monde.

Mais si Schelling souligne avec insistance le centre christologique du système des temps et de l'histoire supérieure en laquelle se décide la volonté de Dieu, il n'en affirme pas moins l'autonomie (relative) du procès mythologique, et surtout de l'économie spécifique de l'Ancien Testament, jusque dans son unité indissociable avec le Nouveau Testament [1]. Le Nouveau Testament est édifié sur la base, le *Grund* de l'Ancien et il le présuppose véritablement. Les commencements *(Anfänge)* se trouvent dans l'Ancien Testament, « mais ce sont précisément les commencements qui sont l'essentiel ». La coappartenance ineffaçable entre les deux Testaments renvoie à la connexion des théophanies divines, laquelle ne se laisse comprendre ou appréhender qu'à partir du commencement, et pas seulement du "milieu" ou du "centre" christologique [2]. C'est seulement à partir de cette connexion de l'histoire supérieure que peut se donner à penser l'historicité véritable.

La plus haute cîme de la révélation, c'est encore l'homme, mais « l'homme archétypique et divin, celui qui au commencement était auprès de Dieu et en qui toutes choses, y compris l'homme lui-même, ont été créées ». Ainsi, « le degré le plus haut de la révélation est celui où le divin se finitise lui-même complètement, bref où lui-même devient homme [...] ».

Mais c'est dire aussi, à suivre jusqu'au bout cette ligne de pensée, que l'idée de révélation au sens strict, bien loin de prolonger directement une première manifestation (la Création *praeter Deum*), implique toujours pour Schelling dissimulation et "ironie". C'est en effet toujours dans une perspective "écono-

1. *S.W.*, VIII, p.271.
2. « Es ist ein Zusammenhang in den göttlichen Offenbarungen, der nicht in seiner Mitte, der nur vom Anfang her begriffen werden kann. »

mique" (κατ' οἰκονομίαν) qu'il convient d'appréhender la révélation divine [1].

Ainsi le concept général de manifestation *(Manifestation)* ne doit pas seulement être soigneusement distingué de celui d'*Offenbarung,* mais il convient d'opposer rigoureusement les deux termes, dès lors que la Révélation, au sens strict, présuppose en effet l'idée de *Verstellung*, de déguisement ou de dissimulation conformément à l' "ironie" divine [2]. De même que le surnaturel de la religion révélée – note Schelling – présuppose toujours une nature qu'il surmonte, de même le concept de révélation implique-t-il une obscurité originelle :

> D'une manière générale, le concept de révélation ou d'un être qui se révèle présuppose une obscurité originelle. Ne peut se révéler que ce qui a d'abord été caché. – [...] Le vrai dieu, le dieu dans sa supranaturalité ne peut se révéler que s'il perce à travers cette obscurité ou cet être-caché en lequel il est posé par la conscience [...] [3]

Ne peut en effet se révéler, au sens obvie du terme, que ce qui a d'abord été caché, dissimulé. Mais cette obscurité préalable n'est encore que de premier plan. Plus fondamental en effet que la sortie d'un état premier de dissimulation ou d'oblitération, est le fait que le Dieu qui se révèle, c'est-à-dire qui *décide* d'apparaître à la faveur de tel phénomène, signe ou trace, ne s'épuise jamais dans et à travers sa révélation, ne s'adégalise en rien à elle, mais demeure essentiellement en retrait, dans son insondable réserve : Le Dieu qui se révèle est donc toujours et, par là même, *deus mirabilis, deus absconditus*.

1. *S.W.*, XIV, p. 73. Cf. aussi *Einleitung in die Philosophie*, éd. W.E. Ehrhardt, Schellingiana, Bd.1, Stuttgart, 1989, p. 113 : «Eine unmittelbare Offenbarung Gottes ist unmöglich – ... der Weltprozeß ist die Offenbarung Gottes *per contrarium*.» – *Ibid*., p. 114 : «Der Begriff *per contrarium* oder göttliche Verstellung ist sowenig anstößig, daß ich gestehe, ohne diese Voraussetzung sei das ganze Christentum unverständlich ». – L'apparition du Christ est ce qui dévoile le plan divin : le Christ est *Schlüssel zur Erklärung des Weltplans. In diesem Plan besteht die göttliche Ökonomie der Welt, da κατ' οἰκονομίαν tun nichts anders heißt, als dem Schein nach etwas anderes tun, als was beabsichtigt ist.*

2. *S.W.*, XIV, p. 24.

3. *S.W.*, XIII, p. 187. Cf. aussi *S.W.*, XIII, p. 229.

En effet, la déité même de Dieu ne consiste pas dans son "extraversion" *(Hinauswendung),* mais bien plutôt dans son "introversion" *(Hineinwendung),* son "retrait" [1]. Retrait, réserve ou réticence d'un Dieu qui nous ménage – comme le disait aussi Hölderlin [2] – ne trahissent aucune impuissance du divin, mais donnent plutôt la mesure de sa généreuse et condescendante médiateté [3], en l'absence de laquelle – si Dieu, dans sa figure de Père, voulait immédiatement être tout en tous –, il ne serait rien d'autre que "feu dévorant".

Et Schelling qui ne répugne jamais aux "anthropomorphismes", surtout quand il y va de l'*analogum princeps* de la liberté, de préciser que, pour nous autres hommes aussi, la « liberté authentique consiste précisément moins dans l'extériorisation, que dans le pouvoir de ne pas se manifester au dehors » [4]. De même, la "personnalité divine" consiste précisément en ce que Dieu est Seigneur de l'être, c'est-à-dire qu'en vertu de sa retenue *(Zurückhaltung),* il ne se perd pas aveuglément, éperdument dans l'être.

Ainsi le Dieu qui se révèle à nous est celui qui a revêtu l'humanité, le Dieu ἐν μορφῇ δουλοῦ, *Deus indutus* [5], le dieu voilé, caché dans son verbe incarné.

C'est ce concept schellingien d'*Offenbarung*, entendue comme advenue, apparition, mais aussi surmontement, victoire, élévation, lesquels demeurent indissociables du voilement, du recouvrement, de l'occultation qui sous-tend tout à la fois sa critique de la détermination de Dieu comme *ens manifestativum*

1. *S.W.*, XIII, p. 250.

2. Cf. W. BINDER, "Hölderlin : Theologie und Kunstwerk", in *Hölderlin-Jahrbuch*, 1971-1972, pp. 1-29.

3. « Car le Dieu d'un apôtre est plus médiat », souligne encore Hölderlin dans les *Remarques sur Antigone*, alors qu'il thématise la "présentation tragique".

4. *S.W.*, XIII, p. 209 : « ... la liberté *authentique* ne consiste pas dans le pouvoir *être*, ni dans le pouvoir s'exprimer – mais dans le pouvoir ne pas être, ne pas s'exprimer ... ».

5. Cf. Hölderlin, fragment de la huitième version de *Griechenland* : « Alltag aber wunderbar zu Lieb den Menschen / Gott hat ein Gewand ».

sui, présente notamment chez Œtinger[1], et sa critique du concept hégélien d'Esprit.

Un second trait essentiel du concept schellingien strict de Révélation ressort ici : c'est par la révélation (le fait, l'acte) que Dieu devient *personnel.* Mais il faut ajouter aussitôt que la relation personnelle est toujours aussi “ein vermitteltes Verhältnis”, un rapport médiatisé : le médiateur étant justement le Fils comme Fils de l'Homme.

Si donc, comme le note Schelling, “la cîme de la Révélation” ou “la plus haute Révélation” *(die höchste Offenbarung)* n'est rien d'autre que l'exécution de cette décision volontairement arrêtée au moment même de la Chute, lors de cet épisode, littéralement *catastrophique,* survenu à l'ensemble de la nature et des puissances cosmogoniques, c'est à une philosophie de la Révélation qu'il revient d'élucider ces deux moments décisoires : la volonté divine de créer un être différent de soi (c'est-à-dire de se retirer en soi-même, de suspendre son essence pour faire place à un autre être) et secondairement la volonté de rédemption[2].

Le point limité auquel je m'appliquerai, pour finir, sera de remarquer brièvement ce qui distingue radicalement la philosophie de la religion ou philosophie positive “à la Schelling”, et il aura des successeurs[3], de la philosophie hégélienne de la religion.

Autrement demandé, la question est de savoir si l'entreprise hégélienne d'une philosophie de la religion ouvre véritablement le champ d'une enquête nouvelle et “positive” ou si la pensée qui s'y déploie ne prend pas plutôt le relais de l'ancienne *theologia*

1. Cf. E. BENZ, *Les sources mystiques de la philosophie romantique allemande*, Paris, Vrin, 1968, pp. 48, 56. Cf. aussi, du même auteur, *Schelling, Werden und Wirken seines Denkens*, Zurich, 1955, chap. I et II.

2. *S.W.*, XIV, p. 26 : « Die höchste Offenbarung besteht also nur eben in der Ausführung jenes zugleich mit der Katastrophe des Menschen gefaßten Willens oder göttlichen Entschlusses ».

3. Cf. notamment les études de Michael THEUNISSEN « Die Dialektik der Offenbarung. Zur Auseinandersetzung Schellings und Kierkegaards mit der Religionsphilosophie Hegels », in *Philosophisches Jahrbuch* (72), 1964-65, pp. 134-160 ; « Die Aufhebung des Idealismus in der Spätphilosophie Schellings », in *Philosophisches Jahrbuch* (83), 1976, pp. 1-29 ; et de B. CASPER, « Sein und Offenbarung. Zum achtzigsten Geburtstag Franz Rosenzweig », in *Philosophisches Jahrbuch* (74), 1966, pp. 310-339.

naturalis, en restant prise dans une économie non reconnue comme telle et non maîtrisée, celle de l'*ontotheologische Verfassung* ? Ce qui viendrait ainsi en question, ce serait programmatiquement :

1) le statut respectif, peut-être radicalement différent, de la philosophie de la religion, c'est-à-dire de la philosophie de la mythologie et de la révélation chez les deux penseurs ;

2) les conséquences qui peuvent en être tirées quant à leur conception respective de la phénoménalité, quant à la détermination de ce qui apparaît et de la modalité de son apparaître ?

On peut envisager également un second versant de la même problématique. En quel sens la critique schellingienne de la philosophie négative (ou rationnelle pure) ouvre à nouveaux frais la possibilité de penser la phénoménalité, la manifestation comme révélation, dans le cadre d'une Philosophie *seconde* par opposition à la πρώτη φιλοσοφία aristotélicienne ? [1]

Sans prétendre affronter ici ces questions, on peut esquisser à titre d'indication préalable une analyse sommaire des deux concepts en jeu, rapportés respectivement à Hegel et à Schelling. – Qu'en est-il des concepts hégéliens et schellingiens d'*Erscheinung, Manifestation, Offenbarung ?*

Dans le contexte hégélien, comme on sait, la Révélation *(Offenbarung)* de Dieu est essentiellement comprise comme manifestation de l'Esprit. Chez Hegel, le terme d' "Offenbarung" se spécialise, si l'on peut dire, dans l'horizon d'une théologie de l'Esprit. C'est ainsi que dans les *Vorlesungen* sur la philosophie de la religion, Hegel explicite en ces termes la proposition fondamentale selon laquelle Dieu est Esprit :

> Il est esprit, non pas esprit fini, mais esprit absolu ; et cela, qu'il est esprit consiste en ce qu'il n'est pas seulement une essence se maintenant dans la pensée, mais qu'il est aussi l'*apparaissant*, ce qui se donne révélation, *objectivité*. [2]

1. Cf. *S.W.*, XIII, p. 120 ; XIII, p. 151.

2. G.W.F. HEGEL, *Vorlesungen*, Ausgewählte Nachschriften und Manuskripte, éd. W. Jaeschke, vol. III, Hambourg, 1983, p. 35 : «Er ist Geist, und nicht der endliche, sondern der absolute Geist, und dies, daß er Geist ist, ist das, daß er nicht nur das im Gedanken sich haltende Wesen ist,

Cette insistance sur la phénoménalisation n'invalide qu'à un premier degré la critique schellingienne rémanente selon laquelle Hegel s'en tient toujours, sans pouvoir le dépasser, au "concept logique" de Dieu. Non pas simplement, parce que seule la complète détermination du Concept débouche, selon Hegel, sur la thématisation de l'Esprit, mais plus radicalement encore parce que l'esprit lui-même, dans le principe de sa "spiritualisation", obéit strictement à la réflexivité du Concept, à son auto-objectivation.

Dans l'*Introduction* du cours de 1827 sur la *Philosophie de la Religion,* Hegel le souligne assez clairement en ces termes :

> Le concept que nous avons devant nous est à présent celui de l'esprit lui-même sans plus ; il est l'esprit lui-même qui est développement et qui de cette manière est actif.[...] Son activité consiste à se manifester. [...] Se manifester signifie devenir pour un autre. En tant que devenir pour un autre [...] la manifestation est finitisation de l'esprit.[...] Ainsi, le second moment est celui de l'esprit qui se manifeste, se détermine, accède à l'être-là, se donne la finité. Mais le troisième consiste en ceci qu'il se manifeste conformément à son concept, qu'il reprend en soi sa première manifestation, qu'il la relève, qu'il accède à soi-même, devient pour soi et est tel qu'il est en lui-même. Tel est le rythme, la pure, éternelle vie de l'esprit lui-même [...] L'esprit est s'avoir pour objet [*Sich zum Gegenstand zu haben*]. Voilà en quoi consiste sa manifestation. [1]

sondern auch das *Erscheinende*, das sich *Offenbarung*, das sich Gegenständlichkeit Gebende».

1. *Vorlesungen*, vol. III, p. 85 : «Der Begriff, den wir hier vor uns haben, ist nun ohnehin der Geist selbst; es ist der Geist selbst, der diese Entwicklung und auf diese Weise tätig ist ... Näher ist er die Tätigkeit, sich zu manifestieren. Manifestieren heißt *für Anderes* werden. Als Werden für ein Anderes ... ist es Verendlichung des Geistes ... So ist der Geist, der sich manifestiert, sich bestimmt, ins Dasein tritt, sich Endlichkeit gibt, das zweite. Das dritte aber ist, daß er sich seinem Begriff nach manifestiert, jene seine erste Manifestation in sich zurücknimmt, sich aufhebt, zu sich selbst kommt, für sich wird und ist, wie er an sich ist ... Der Geist ist, sich zum Gegenstand zu haben. Darin besteht seine Manifestation ...»

Par où l'esprit se soumet donc lui aussi au principe général et fondamental formulé dans l'*Encyclopédie* (§ 131) et qui vaut aussi bien pour toute "théologie" : « Das Wesen muß erscheinen ».

Cette révélation, si elle passe bien par la finitisation, l'altération, voire même l'extranéation, demeure fondamentalement réflexion, manifestation de soi à soi ; elle est toujours et essentiellement auto-manifestation. Parce qu'il est auto-manifestation en vertu de la loi toute puissante de la "relève", de l'*Aufhebung*, l'esprit est foncièrement déploiement du même, attestation, confirmation de son ipséité devenue enfin évidente. Une "Addition" de l'*Encyclopédie* au § 383 est suffisamment explicite :

> L'esprit ne révèle dans l'Autre que lui-même, que sa propre nature ; mais celle-ci consiste dans la révélation de soi : l'acte de se révéler soi-même est, par conséquent, en lui-même le contenu de l'esprit et non pas par exemple, seulement une forme s'ajoutant extérieurement à son contenu ; par sa révélation, l'esprit ne révèle donc pas un contenu différent de sa forme, mais sa forme exprimant le contenu tout entier de l'esprit, à savoir sa révélation de soi. [1]

Cette auto-manifestation de l'absolu se laisse aussi caractériser chez Hegel comme réflexion déterminante, rapport in-fini à soi, c'est-à-dire reprise en soi de l'être-autre. Or une telle réflexion pourrait bien entraîner aussi et nécessairement l'extinction du fini et l'abolition de l'extériorité.

La révélation schellingienne en revanche, dès lors qu'elle est thématisée prioritairement à partir de la subjectivité et de sa finitude intrinsèque, présuppose toujours réceptivité, affect, extase, c'est-à-dire aussi et fondamentalement extériorité ; elle ne saurait donc primairement s'entendre comme auto-réflexion de l'absolu. C'est sans doute en effet la mise en question – au titre du dépassement ou de la relève – de la subjectivité finie qui est radicale à la détermination hégélienne de l'esprit comme auto-

1. Tr. fr. B. Bourgeois, Paris, Vrin, 1988, p. 394.

manifestation sans réserve, sans retrait, sans “intériorité”, pour suivre ici une précieuse suggestion de Michel Henry [1].

Certes, pour Hegel, si la religion chrétienne est religion achevée et absolue, c'est d'abord parce qu'elle est religion *révélée,* mais cela signifie ici qu'elle est cette religion dans laquelle Dieu a complètement, sans restriction, sans reste, manifesté ce qu'il était, la plénitude accomplie de son essence : la religion révélée est donc celle dans laquelle la réalité de l'être divin est entièrement (re)-présentée à la connaissance de l'homme. C'est d'ailleurs pourquoi, selon la loi rigoureuse de l'*Aufhebung*, elle peut désormais devenir la substance même de la raison et de la philosophie !

La religion révélée met Dieu à découvert et entièrement à découvert pour l'esprit humain. Elle rend la vérité de l'être de Dieu disponible pour le savoir philosophique.

À la religion dans sa positivité, son extériorité, pour laquelle l'esprit vient “comme du dehors”, la philosophie hégélienne oppose donc la manifestation qui se passe au-dedans de l'esprit, qui se joue de l'esprit à l'esprit. Ainsi le savoir philosophique réintègre, si l'on peut dire, réintériorise la révélation, la ressaisit dans l'intériorité même de l'esprit, en dépassant sans retour la simple représentation, pour autant que la représentation a toujours un objet, un dehors et comme un vis-à-vis.

La conception hégélienne de la religion chrétienne comme religion de la révélation achevée marque assez cette circularité de

1. Michel HENRY notait précisément dans son premier grand livre, *L'essence de la manifestation* , Paris, P.U.F., 1963, p. 879, contre Hegel et en référence expresse à Schelling : « La subjectivité n'est en aucune façon pour Hegel une essence authentique, phénoménologiquement déterminée par un mode de révélation propre. [...] On dit quelque fois que Hegel conçoit l'Esprit comme ce qui doit se manifester. En réalité, l'Esprit est le *produit* de la manifestation, il est le *terme* et non l'*origine* d'un accomplissement. L'esprit réel est l'esprit objectif. L'intérieur n'est pas l'esprit. Il est au contraire ce qui n'est pas encore parvenu à la lumière de la réalité, quelque chose d'obscur, la possibilité, l'en-soi qu'il nous faut comprendre comme le Fond sans cause des *Recherches sur l'essence de la liberté humaine*, ou comme la première puissance (– A) de la dernière philosophie de Schelling. C'est à partir de cette obscurité du *Grund* où baigne l'Intérieur, toutefois, que la manifestation se produit ».

la manifestation et de la conscience comme conscience de soi divino-humaine :

> La religion chrétienne est ainsi la religion de la révélation. En elle ce que Dieu est, est manifeste : qu'il est su, comme il est, non pas historiquement ou de quelque autre manière comme dans les autres religions, mais la manifestation révélée est sa détermination et son contenu même, à savoir révélation, manifestation, être pour la conscience, et précisément pour la conscience qu'il est lui-même esprit, c'est-à-dire par conséquent conscience et pour la conscience. [1]

Sans doute est-il permis de voir là une "subversion" radicale, consciente et conséquente de la notion théologique traditionnelle de révélation [2]. Si du moins l'on entend par révélation ce qu'un Dieu donne librement et gratuitement à connaître de son propre être, sans que l'intelligence y ait jamais accès indépendamment de cette donation même et corrélativement de la disposition déterminée qui l'accueille ; si du moins l'on accorde qu'il est impossible de supprimer cette condition essentielle qu'est la disponibilité, la réceptivité et, en un mot, le consentement intellectuel à un enseignement dont le contenu n'est en principe jamais *vu*, jamais connu objectivement.

Pour Hegel en revanche, singulièrement proche ici de Lessing, la religion est proposition de vérités en soi rationnelles et philosophiques. De soi, les vérités de la religion sont destinées à être reconnues rationnellement [3]. Avec l'apparition de la religion absolue advient une révélation complète, achevée de ce que Dieu est, livrant à l'homme la possibilité prochaine du savoir de

1. *Philosophie der Religion*, éd. Lasson, "Absolute Religion", p. 32: «Die christliche Religion ist auf diese Weise die Religion der Offenbarung. In ihr ist es offenbar, was Gott ist, daß er gewußt werde, wie er ist, nicht historisch oder sonst auf eine Weise wie in andern Religionen, sondern die offenbare Manifestation ist ihre Bestimmung und Inhalt selbst, nämlich Offenbarung, Manifestation, Sein für das Bewußtsein, und zwar für das Bewußtsein, daß es selbst Geist ist, d.h. also Bewußtsein und für das Bewußtsein».

2. Cf. aussi H.U. von BALTHASAR, *Herrlichkeit*, III 1, p. 916.

3. *L'éducation du genre humain*, §§ 72-76 : «Quand les vérités religieuses ont été révélées, elles n'étaient certes pas des vérités de raison, mais elles ont été révélées pour qu'elles le deviennent».

l'essence divine elle-même. Par là Hegel présuppose une unité foncière entre l'essence même de Dieu, déterminé comme Esprit et révélé dans la religion, et l'esprit humain en devenir et qui se réalise dans l'histoire. Le § 544 de l'*Encyclopédie* thématise avec toute la clarté souhaitable cette idée que la conscience humaine est requise pour le devenir Dieu de Dieu lui-même accédant ainsi seulement au savoir de soi :

> Dieu n'est Dieu que dans la mesure où il se sait lui-même ; son savoir de soi est en outre, sa conscience de soi dans l'homme, et le savoir que l'homme a de Dieu, savoir qui progresse en direction du savoir de soi de l'homme en Dieu. [1]

J'indique pour terminer l'opposition non moins affirmée qui sépare la conception hégélienne et schellingienne de la positivité : Pour Hegel, comme on sait, la positivité est toujours placée sous le signe de l'accidentalité et de l'extériorité, elle est donc destinée à disparaître à mesure que le spirituel se trouve intériorisé et authentiquement réapproprié par l'esprit humain. Pour que l'apport de la religion, celui du divin, puisse entrer positivement dans le champ de l'existence humaine, il doit certes apparaître *(erscheinen)* et se phénoménaliser, mais cette phénoménalisation implique toujours adjonction à l'essentiel d'un ensemble de déterminations circonstancielles qui constituent précisément la positivité (c'est-à-dire aussi bien l'accidentalité) inhérente à toute *Erscheinung*.

Pour tenter de déterminer dans sa différence le concept schellingien de révélation, il faut en revanche souligner l'articulation stricte de ce motif avec la thématisation de la création et de la liberté qui lui sont indissociables : L'être qui se révèle ne se dispense que s'il dispose entièrement de ses dons lorsqu'il nous ouvre ses secrets, et tout d'abord de soi-même, dans une souveraine indépendance, s'il est – note Schelling : *Herr des Seyns*, Seigneur de l'être, caractérisé par cette "seigneurialité" *(Herrlichkeit)*, par laquelle il échappe à la fois à toute nécessité interne comme à toute exigence de droit qui serait comme immanente à l'âme humaine.

1. Tr. fr. B. Bourgeois, p.355.

C'est toujours adressé à un homme *libre* et de la part d'un dieu *vivant* qu'advient *l'événement* de la révélation. Trois aspects de la problématique schellingienne ressortent ici : la finitude de l'existence humaine (thématisée dès les *Recherches* de 1809), le moment singulier mais essentiel où la raison trouve sa limite, attesté à travers quelque chose comme un emportement extatique, et enfin ce que l'on serait tenté de nommer une pensée du don, de l'événement ou de l'éventualité de l'*Es gibt,* ou de l'*Ereignis* [1].

Ainsi le véritable point de départ de la pensée du dernier Schelling serait double : l'analyse de la temporalité extatique dans les *Âges du monde*, mais tout autant la découverte, saluée en son temps par Heidegger, de l'abîme de la liberté humaine dans les *Recherches de 1809*.

Jean-François COURTINE
(Ecole Normale Supérieure, Paris)

1. Cf. Marc MAESSCHALCK, *Philosophie et Révélation dans l'itinéraire de Schelling*, Paris-Louvain, 1989, pp. 663 *sq*.

ÉVÉNEMENT ET DESTINÉE

Une hypothèse sur la portée ontologique de la dernière philosophie

La question du "positif" chez Schelling n'est pas réservée à l'articulation de la "philosophie négative" et de la "philosophie positive" telle qu'elle apparaît dans la *Grundlegung* de Munich, dans les leçons d'histoire de la philosophie moderne, puis dans la célèbre introduction de Berlin. La même question d'une articulation, sous forme de passage *(Übergang)* ou même de renaissance *(Wiedergeburt),* resurgit dans l'introduction générale à la philosophie, dans les cours adressés aux commençants, à Erlangen ou à Munich par exemple, et on la retrouve également dans le passage de la *Philosophie de la Mythologie* à la *Philosophie de la Révélation,* lorsque la conscience religieuse sort de la fable [1], dominée par la figure extérieure d'un dieu dominateur, pour pénétrer l'histoire intérieure fondée sur la *restitution* de la relation réelle au divin [2]. Le concept d' « histoire supérieure » [3] des hauts faits de Dieu et des hommes fournit la clé d'une véritable "théologie naturelle positive", basée non sur le résultat de preuves de l'existence de Dieu, mais sur une "théo-logique" de l'histoire qui a

1. F.W.J. SCHELLING, *Sämtliche Werke*, Augsburg/Stuttgart, Cotta, 1856-1861, t. XI, p. 176. Nous citerons "*S.W.*".

2. *S.W.*, XI, p. 250.

3. *S.W.*, XIV, p. 30. Voir X. TILLIETTE, *Die "Höhere Geschichte"*, in *Schelling, Seine Bedeutung für eine Philosophie der Natur und der Geschichte*, hrsg. von L. Hasler, Stuttgart/Bad Cannstatt, Frommann-Holzboog, 1981, pp. 193 à 204.

retenu l'attention de Walter Kasper [1] et de Claude Bruaire en particulier [2]. Nul doute d'ailleurs que la philosophie religieuse de Schelling offre un point de vue privilégié sur le destin de sa philosophie première, dans la mesure où la métaphysique du "*summum ens*", chez Schelling, non seulement renvoie à celle de l' "*ens commune*" [3], mais exige une reprise de cette dernière, selon le point de vue spécial, mais supérieur de la Vie absolue ou de l'Amour éternel dont la différence ne peut être traitée correctement comme séparation. Ainsi s'esquisse l'idée de la nécessité d'un retour à la question fondamentale de la métaphysique par-delà toute philosophie de la conscience, mais retour critique qui ne peut se limiter aux conclusions des Anciens, même si ceux-ci ouvrent le passage vers cette question. Les Grecs – Aristote en particulier – ont saisi la question d'un au-delà de l'être commun, mais ils sont restés rivés au monde des apparences [4], comme en témoigne leur destin religieux où les Mystères figurent leur impuissance à accueillir *réellement* le primat du suprasensible dans l'existence [5].

L'attitude tragique du monde ancien telle qu'elle reparaît dans la dernière philosophie à travers les considérations parfois émouvantes sur la lente euthanasie du paganisme [6], – cette attitude est à la source de la méprise moderne sur la question du suprasensible. Les Grecs attendaient encore quelque libération, comme le rappelle plusieurs fois la *Philosophie rationnelle* [7], alors que les Modernes se sont saisis du problème comme à rebours pour en

1. Cf. W. KASPER, *Das Absolute in der Geschichte*, Mainz, Matthias-Grünewald, 1965, p. 147 ; voir aussi, du même, *Krise und Neuanfang der Christologie im Denken Schellings*, in *Evangelische Theologie*, 33 (1973), pp. 366 à 384.

2. Cf. Cl. BRUAIRE, *Schelling ou la quête du secret de l'être*, Paris, Seghers, 1970, p. 77.

3. Sur l'origine aristotélicienne de cette problématique, voir X. TILLIETTE, *Schelling*, *Une philosophie en devenir*, 2 tomes, Paris, Vrin, 1970, pp. 269 et 296. Voir aussi P. AUBENQUE, *Aristote et le Lycée*, in *Histoire de la Philosophie*, t. 1, Paris, Gallimard, *La Pléiade*, 1969, pp. 649 et 650.

4. *S.W.*, XI, p. 481.

5. Cf. l'ἐποπτεία comme apprentissage de la mort (*S.W.*, XIII, pp. 448 et 458). Voir aussi *S.W.*, XIII, pp. 409 et 512.

6. *S.W.*, XIII, p. 406.

7. *S.W.*, XI, pp. 467 et 468, 479 et 480.

déconstruire les présupposés épistémologiques et en révéler l'illusion [1]. Ils n'ont donc pas tenu compte d'une direction indiquée par l'insistance de la pensée ancienne dans ses impasses. Leur hypothèse de travail était que la question métaphysique résultait d'une erreur de perspective. La réforme de l'entendement suffirait donc à en venir à bout. Du même coup, ils éliminaient l'antériorité de la question métaphysique, son primat sur l'élaboration rationnelle, son *évidence* comme point de départ de la pensée. Hegel accomplit ce mouvement de la pensée moderne puisque, chez lui, la philosophie première n'est plus discours de la méthode, mais immédiatement *Logique* [2], le traité moderne des catégories pour une philosophie de l'automédiation de la conscience de soi : le monde est réduit au *processus* intégral de l'Esprit « qui se pense soi-même » et dont l'activité est la substance même des choses [3], le sujet advenant à soi dans tous les prédicats possibles.

La philosophie de l'Esprit est l'ultime péripétie de la pensée moderne [4] construite sur la perte de l'évidence du monde comme question métaphysique [5]. On lisait déjà dans la *Freiheitsschrift* :

> (...) notons d'emblée que, dans l'idéalisme élaboré en système, il ne suffit en aucune façon d'affirmer qu' "activité, vie et liberté constituent seules ce qui est véritablement effectif", ce dont peut s'acquitter même l'idéalisme subjectif qui se méprend sur lui-même, comme chez Fichte ; ce qui est requis, c'est bien plutôt de montrer à l'inverse que tout ce qui est effectif (la nature, le monde des choses) a pour fond l'activité, la vie et la liberté, ou encore, pour parler comme

1. *S.W.*, XI, pp. 464 à 466.
2. *S.W.*, X, p. 136. Voir aussi *S.W.*, XIII, pp. 101 et 102.
3. *S.W.*, XIII, pp. 121 et 122, ainsi que *S.W.*, X, pp. 152 et 153.
4. *S.W.*, X, p. 125.
5. Pour SCHELLING, les modernes, qu'ils soient empiristes ou rationalistes, conçoivent le monde comme une totalité de faits, soit de faits matériels extramentaux, soit de faits de conscience, mais, dans les deux cas, le monde est seulement une série indifférenciée de faits soumis à une nécessité mécanique. À ce propos, voir notamment les *Idées pour une philosophie de la nature* (1797), *Clara* (*S.W.*, IX, pp. 96 et 97), *Freiheitsschrift* (*S.W.*, VII, pp. 349 à 352), ainsi que *Einleitung in die Philosophie* (hrsg. von W.E. Ehrhardt, Stuttgart/Bad Cannstatt, Frommann-Holzboog, 1989, pp. 68 et 69).

Fichte, que non seulement l'égoïté est tout, mais aussi, et inversement, que tout est égoïté»[1]. Et Schelling de poursuivre qu'«il demeurera toujours singulier que Kant (...) ne se soit pas avancé jusqu'à l'idée de transférer aussi aux choses cet unique concept positif possible de l'en-soi, ce qui lui eût permis de s'élever immédiatement à un point de vue supérieur, et de dépasser la négativité qui caractérise sa philosophie théorique[2].

Face à ce destin, il s'agit moins de revenir aux Grecs que de reprendre leur question en scrutant les impasses qu'ils ont rencontrées dans leur quête du "premier principe". Dès que l'on comprend que le principe absolu ne peut être obtenu par un retour sur soi de la raison, les tentatives des Anciens apparaissent sous un autre jour[3]. En explorant l'autostructuration de la raison, telle qu'elle apparaît en particulier dans l'appréhension "causaliste" du monde, les Anciens construisaient l'*organisme* de la raison[4], son architectonique, si bien que leurs théories préfigurent déjà les règles modernes de l'entendement[5] et même pourraient servir comme une grille de lecture critique de ces règles. L'idée d'une philosophie rationnelle est née : le paradigme d'une éidétique de la raison pure dirige l'histoire de la philosophie de Platon et Aristote à Kant et Hegel. Et ce destin philosophique laisse entière la question métaphysique qui l'a suscité. Le rationalisme grec en est resté à la conscience tragique des apparences, tandis que le rationalisme moderne a préféré le relativisme de la logique transcendantale. De part et d'autre, l'être humain s'est impliqué dans une philosophie du monde qui semble incapable de saisir l'originaire comme donation de sens, c'est-à-dire comme ouverture réellement susceptible d'une apodicticité métaphysique. Le problème étant bien entendu de savoir à quelles conditions cette saisie de l' "apodicticité" du monde est possible pour la pensée. Il est éclairant pour aborder ce problème de

1. *S.W.*, VII, p. 351 ; trad. cit., p. 138.
2. *S.W.*, VII, pp. 351 et 352; trad. cit., pp. 138 et 139.
3. *S.W.*, X, pp. 235 et 236. Voir E. ŒSER, *Die Antike Dialektik in der Spätphilosophie Schellings*, Wien/München, R. Oldenburg, 1965, p. 62.
4. *S.W.*, X, p. 306.
5. *S.W.*, XIII, pp. 76 et 77, ainsi que pp. 100 à 103.

repérer, dans l'itinéraire de la dernière philosophie, différents lieux spéculatifs où se pose la question métaphysique.

Une telle recherche préliminaire est d'autant plus importante que la thématique même du négatif et du positif est inscrite depuis longtemps dans la structure fondamentale du système en devenir, c'est-à-dire dans la théorie des puissances. Depuis l'utilisation du modèle du champ magnétique dans la philosophie de la nature [1], les signes du négatif et du positif se sont superposés à la physique newtonienne des forces (expansion et attraction) adoptée par Kant [2]. Même la théorie du langage qui éclaire la philosophie de l'auto-affirmation divine, la fameuse « théogonie transcendantale » de l'Identité [3], est marquée par la polarité du négatif et du positif qui sous-tend la relation entre les consonnes et les voyelles, entre l'affirmé et l'affirmant [4]. La grammaire spéculative des *Weltalter* reprend aussi cette distinction à son compte [5] et la traduit dans une "méontologie" [6] de l'originaire, une philosophie de la "*Lauterkeit*" [7] et de l' ὕπερον [8], qui sera le point de départ d'une pensée de l'être comme *Prius* réel et non logique [9], comme

1. Cf. par exemple, *S.W.*, II, p.490, III, p.258 et III, p.313.

2. *S.W.*, III, pp.25 et 26, en note ainsi que III, p.103, note 1 (critiquant les *Premiers principes métaphysiques des sciences de la nature* de Kant). Voir J.E. SCHLANGER, *Schelling et la réalité finie*, Paris, P.U.F., 1966, pp.73 et 74 ; J.-F. MARQUET, *Liberté et existence*, Paris, Gallimard, 1973, pp.113 et 114 ; W. HARTKOPF, *Studien zur Schellings Dialektik*, Meisenheim am Glan/Frankfurt a.M., Anton Hain, 1986, pp.65 et 66.

3. *S.W.*, VI, p.35.

4. Cf. notamment, *S.W.*,, p.151 (§ 8). Sur le langage comme matrice originaire de l'existence en général, on se reportera aussi à la *Philosophie de l'Art* (*S.W.*, V, p.484), où la musique, d'ailleurs, est considérée dans la même optique (*S.W.*, V, p.385). Voir J.-F. MARQUET, *op. cit.*, pp.260 et 261.

5. *Die Weltalter, Fragmente*, hrsg. von M. Schröter, München, Beck, 1966, p.28 (version de 1811) et pp.132 à 134 (version de 1813).

6. X. TILLIETTE emprunte ce terme à Sartre pour caractériser l'effort de la philosophie rationnelle dans son ensemble (*op. cit.*, t. 2, p.327, note 49). Voir, par exemple, *Die Weltalter*, *op. cit.*, p.18.

7. *S.W.*, VIII, p.306. Pour la portée de ce terme dans la dernière philosophie, voir *S.W.*, XIII, p.79.

8. *Die Weltalter*, *op. cit.*, p.141 ; voir aussi *S.W.*, VIII, p.234.

9. *Grundlegung der positiven Philosophie*, hrsg. von H. Fuhrmans, Torino, Bottega d'Erasmo, 1972, p.389. Voir aussi *S.W.*, XIII, pp.129 et 130.

Daß précédant toutes les tentatives spéculatives, véritable fond de l'abstraction et principe direct de l'élaboration du *Was* [1].

Alors que le problème de la nécessité et de la liberté formulé dans la *Freiheitsschrift* [2] domine encore les *Weltalter* et allie la pensée de la *"Lauterkeit"* et de l'*Urwesen* à une théologie négative de l'Absolu (l'*Un-grund*), c'est le souci de restaurer en amont de ce dilemme, propre à la dramatique théogonique, une véritable philosophie première, qui permettra à l'immémorial des *Weltalter* d'accéder au positif, c'est-à-dire d'acquérir un véritable statut métaphysique. Dans cette nouvelle philosophie première, l'Absolu métaphysique de l'Être est conçu immédiatement dans sa primauté [3], indépendamment du processus substantiel que détermine la réflexion de la conscience pour exprimer sa cohérence interne.

> La façon dont l'ancienne métaphysique a traité ce concept suscite toujours l'illusion, en ceci que derrière le concept pur de l'existant nécessaire, dans lequel il n'y a pas encore la moindre pensée d'une essence (*Wesen*), on glisse subrepticement une essence (à savoir la divinité) au lieu d'avoir (...) laissé entièrement tomber le concept pour arriver au pur et simple étant [4].

De cette manière, la philosophie première est rétablie dans ses droits, avec son primat épistémologique et ce retour de la conscience à l'attitude authentique du non-savoir originaire prépare sa ratification d'une métaphysique de l'Absolu comme don de l'Être, comme acte créateur, telle que l'exprime la *Philosophie* générale *de la Révélation* [5]. Et dans l'*Introduction à la philosophie*

1. Sur ces notions de "quoddité" et de "quiddité", voir, par exemple, *S.W.*, XIII, p. 100, ainsi que XIII, pp. 166 et 167.

2. *S.W.*, VII, p. 333.

3. *S.W.*, XII, p. 58. À cette page, SCHELLING écrit précisément en note que le ± A indique seulement l'indifférence *positive* qui doit être pensée dans l'absolue liberté et non l'indifférence *négative* qui présuppose toujours le A en soi avant toute détermination.

4. *S.W.*, XIII, p. 167 ; trad cit., p. 193.

5. Cf. la *Leçon XIV* et, plus particulièrement, *S.W.*, XIII, pp. 301 à 309.

de 1830, Schelling écrit que « le concept de création est le but spécifique d'une philosophie positive »[1].

"Positif" et "négatif" ne prennent ainsi leur sens épistémologique d'épithètes qualifiant une forme de rationalité qu'à partir du moment où ils se libèrent du processus des puissances pour définir une rupture dans le destin de la philosophie première et de la théologie naturelle. La théorie des puissances, comme métaphysiques des causes, a en fait contribué à maintenir l'*équivoque ontologique* de la pensée kantienne[2]. L'être comme phénomène ou expérience possible en général est-il autre chose finalement que les *attributs* que se donne l'autoconscience originaire, c'est-à-dire le principe même de la représentation. Le problème est que la construction d'un processus ne peut donner accès à la positivité, parce que celui-ci présuppose toujours le remplissement des structures d'intelligibilité par le don de l'être. C'est le primat accordé à la conscience qui rend inopérante la philosophie première dans la pensée moderne, tant dans ses versions empiristes que transcendantales, objectivistes que subjectivistes. Et c'est d'ailleurs le même primat qui barre l'accès de la conscience naturelle à l'intuition philosophique ou qui obscurcit la conscience religieuse dans son errance mythologique et son espoir d'autorédemption.

Les *Leçons d'Erlangen* présentent le commencement en philosophie comme une rupture radicale avec toutes les certitudes de la conscience naturelle, cet ensemble d'assurances dont l'apparence réconforte. Schelling insiste sur une violence nécessaire à l'égard de toutes les idées reçues : le commencement apparaît d'abord comme une perte, un abandon, voire une mort. Existentiellement, il y a, dans la quête du commencement une expérience du *désespoir*[3] qui se retrouvera également au point crucial de la

1. *Einleitung in die Philosophie*, *op. cit.*, p. 117.

2. En voici une formulation dans l'*Introduction de Berlin* ; "Kant, lui, pense l'existant nécessaire pour autant qu'il est déjà aussi *Dieu* ; (...) nous laissons tomber le concept de Dieu parce qu'il est contradictoire de poser d'une part le simple existant et de le poser pourtant en tant que déjà *quelque chose*, en le munissant d'un concept" (*S.W.*, XIII, p. 164 ; trad. par J.-F. Courtine, Paris, P.U.F., 1991, p. 190). Voir d'ailleurs, *S.W.*, XIII, pp. 164 à 169.

3. *S.W.*, IX, p. 214.

Philosophie rationnelle, dans la 24e leçon inachevée. Le dépouillement exigé par une philosophie vraiment libre est aussi total que celui vécu par Job dans la Bible ou par Dante, dans sa quête du Salut [1].

> Celui-là seul est parvenu au fond de soi-même et a reconnu toute la profondeur de la vie, qui un jour a tout abandonné, et a été lui-même abandonné de tout, pour qui tout s'est effondré et qui s'est vu seul avec l'infini : c'est là un pas décisif que Platon a comparé à la mort [2].

Nul doute qu'on se trouve bien ici devant l'infini mosaïque qui inspirait la crainte d'Alain à la lecture de Spinoza.

> Devant une terre immense, de sables et de rochers, et sous l'immense coupole, l'homme se trouve écrasé et résigné. Actif seulement par la colère, qui est une tempête de sable aussi. D'où, par réflexion, ce culte prosterné. Et, par une réflexion encore plus poussée, cet amour de la puissance infinie comme telle [3].

Mais, chez Schelling, ce qui s'affirme ainsi comme *Prius* sans partage de la Vie n'est pas un code de la Loi dont l'origine impérative est signalée par un silence ou indiquée à la troisième personne pour marquer la transcendance par rapport à toute relation et donc à toute incarnation. Ce *Prius* jaloux de sa présence absolue se refuse à toute formulation légaliste : c'est un chemin, une voie, une invitation. Sa dimension est "exodique" ; il contient une promesse et un envoi [4]. L'erreur des systèmes modernes est d'en avoir tenté une saisie formelle sous forme d'une proposition fondamentale *(Grundsatz).* L'autocritique est patente, puisque Schelling lui-même a souscrit à cette conception du système de la pensée [5]. Une thèse demeure une forme d'appré-

1. *S.W.*, IX, p. 218.
2. *S.W.*, IX, pp. 217 et 218 ; trad. par J.-F. Courtine et E. Martineau (Paris, Gallimard, 1980), p. 279. Voir aussi *S.W.*, XIII, p. 76.
3. ALAIN, *Spinoza*, Paris, Gallimard, 1986, pp. 159 et 160.
4. Dieu est connu par sa conséquence, "*per posterum*" (*S.W.*, XIII, pp. 129 et 130).
5. *S.W.*, I, p. 89 *(Über die Möglichkeit einer Form der Philosophie überhaupt),* ainsi que I, p. 163 *(Vom Ich).*

hension, de repos de l'esprit sur une proposition, sur une idéalité, alors que le *Prius* absolu excède toute thèse et apparaît comme pur *passage*[1]. Cependant, ce "passer" du *Prius,* ce transit qui le définit, n'est pas susceptible d'une formule qui consacrerait l'automédiation de l'esprit comme système absolu[2]. La seule manière de se rapporter au transit du *Prius* absolu est de s'unir à son "passer", de dépasser tout effort et tout désir d'appréhension, de renoncer au système de la raison[3], parce que l'inconditionné échappe à toute définition[4], parce qu'il est insaisissable[5]. La philosophie n'est autre chose qu'une science des commencements[6] et les nombreux systèmes qu'elle a produits résultent des différentes tentatives de fixation du commencement en un point déterminé.

Cette mise en perspective de l'histoire philosophique en son asystasie originaire[7] a une fonction *thérapeutique,* celle qui consiste à indiquer la véritable nature de l'harmonie possible du savoir humain : celle-ci dépend d'un principe qui n'appartient à aucun des systèmes particuliers qui composent ce savoir. C'est un principe qu'on pourrait dire "supra-systémique" parce qu'il traverse tous les systèmes sans s'arrêter en aucun d'eux, comme un organisme en santé dépasse la simple addition de ses systèmes et s'invente en produisant des configurations inédites[8], à la manière d'un *événement* permanent. C'est ce principe qui est à l'œuvre dans la tradition philosophique et dont la forme exté-

1. *"in transitu"* (*S.W.*, IX, p. 224).

2. Ainsi, dans son *Histoire du dogme de la Trinité*, L. SCHEFFCZYK écrit que Schelling « fait dériver la Trinité de la connaissance séipsiste de l'Esprit absolu : c'est le processus nécessaire par lequel l'absolu s'objective et se projette dans la réalité du monde » (in *Mysterium Salutis*, t. 5, Paris, Le Cerf, 1970, p. 275). D'un autre point de vue, SCHULZ écrit, dans le même sens : « la raison connaît son propre contenu comme forme pure qui doit lui être présupposée, qui se contient elle-même et est du coup la possibilité du penser » (*Die Vollendung des deutschen Idealismus*, Stuttgart, W. Kohlhammer, 1955, p. 84).

3. *S.W.*, IX, p. 214.

4. *S.W.*, IX, p. 217.

5. *Ibid.*

6. *Einleitung in die Philosophie*, *op. cit.*, p. 74.

7. *S.W.*, IX, p. 209.

8. *S.W.*, IX, p. 212.

rieure est la métamorphose infinie du *Logos,* mais dont l'âme créatrice est un esprit libre, un νοῦς ποιητικὸς [1], l'éternelle liberté.

Si l'on se contentait de tenir pour *problématique* cette liberté essentielle qui transit toutes les productions de la raison, on en reviendrait à la solution de compromis proposée par l' "idéalisme régulateur" de Kant. L'éternelle liberté resterait une croyance [2] de la raison pure qui maintiendrait ouvertes les perspectives de son dynamisme extensif et relancerait l'effort des constructions catégoriales de l'entendement. Ce serait, en quelque sorte, comme si on se refusait à commencer vraiment en philosophie, mais que l'on considérait comme toujours déjà donné le commencement [3]. L'être humain devrait se limiter à sa faculté de mise en ordre des choses et de soi-même en s'efforçant de modifier son estimation ou son appréciation de l'ordre des choses. Il ne participerait donc pas à l'événement même du monde et à sa donation originaire : toujours déjà donné à soi-même, il ne pourrait que renouveler sa compréhension de l'apparaître, à travers ses schèmes et ses maximes.

Cette philosophie des états de choses s'articule mal avec une philosophie de la liberté comme initiative absolue [4], comme pouvoir du commencement, sauf si on opte pour un dualisme où la liberté apparaît comme un "autre commencement" toujours déjà donné que seul le devoir est à même de réaliser. On est alors contraint à une réduction subjectiviste de l'existence, permettant à la culture ou à l'histoire de s'absoudre de la déchéance originelle de la succession ou de la série naturelle pour tendre vers l'homme nouveau, l'homme de l'homme [5], l'humanité libérée de la nature, grâce à son autorégulation par la loi. Mais cette solution illusoire continue de présupposer une donation, sans parvenir réellement à penser à partir d'elle. La donation, celle du monde ou de la

1. *S.W.*, XI, pp.455.

2. Sur la définition de cette notion chez KANT, *Critique de la faculté de juger*, trad. par A. Philonenko, Paris, Vrin, 1965, pp.274 et 275 (§ 91).

3. *S.W.*, XIII, pp.50 et 51, 68 et 69.

4. *S.W.*, VII, p.352, ainsi que *S.W.*, X, p.84.

5. Pour mémoire, G. GURVITCH, *Kant et Fichte, interprètes de Rousseau*, in *Revue de Métaphysique et de Morale*, 76 (1971), pp.385 à 405.

liberté, est reconnue négativement seulement, à titre de noumène, à travers la chose en soi ou la postulation de la raison pratique [1].

L'une des figures philosophiques qui a le plus impressionné Schelling à cet égard est Jacobi [2] : comme Moïse, son itinéraire s'arrête en vue de la Terre Promise [3]. Il est incapable de concevoir un *Principe* qui possède la raison sans que celle-ci puisse le posséder. Pour lui, tout concept doit être garanti par la conscience de soi qui se pose en le posant, toute idée doit être savoir de soi, assimilation de l'être par la pensée qui se sait ainsi dans son autre. Cette conception négative de la cohérence rationnelle interdit l'accès à un concept qui contredirait un tel retour sur soi de la raison et se donnerait comme source même du savoir, c'est-à-dire aussi, par rapport aux autres concepts, comme "non-savoir", parce que possibilité même de tout savoir. Il ne s'agit pas du "pur négatif", comme croit encore le saisir la raison négative dans son interdiction préventive, la pensée du "rien" [4], mais il s'agit plutôt du "pur positif", cela même qui est toujours en tout savoir, parce qu'il dispose de ce pouvoir de s'enclore en tout savoir, de se donner infiniment ; c'est *l'être-disponible à toute figure* [5].

La positivité ainsi entendue ne se signale pas par un retrait dans l'acte même de donation, par une réserve secrète du donnant dans le donné. La positivité, pour Schelling, est dans la manière même de se donner : l'être-disponible à toute figure s'enferme dans une figure, non pour cette figure particulière, mais pour se donner, pour *se révéler* comme donnant. Alors que les pensées négatives s'accommoderaient encore d'une théocryptique, c'est bien la théophanique qui l'emporte ici à travers la théocryptique des figures [6]. L'éternelle liberté se cache parce qu'elle veut se

1. *S.W.*, X, pp. 84 et 85.

2. *S.W.*, X, pp. 167 à 184. Voir aussi *S.W.*, XIII, pp. 154 et 155.

3. *S.W.*, X, p. 182.

4. Voir la *Table du rien*, *Critique de la raison pure*, in *Œuvres philosophiques*, t. I, Paris, Gallimard, *La Pléiade*, 1980, p. 1011 (A 292/B 348).

5. "(...) le positif, c'est justement qu'il <le sujet absolu> puisse s'enfermer *en* une figure, qu'il se laisse appréhender, et donc qu'il soit libre de s'inclure et de *ne pas* s'inclure *en* une figure" (*S.W.*, IX, p. 219, trad. citée ; p. 280).

6. Ces termes sont empruntés à J.-L. CHRÉTIEN, *Lueur du secret*, Paris, l'Herne, 1985.

révéler. Il n'y a ni nécessité interne, ni nécessité externe dans cette théophanique : on se retrouve à l'origine de toute conscience, dans le rapport constituant la forme de tout savoir possible, le savoir du non-savoir, c'est-à-dire, précisément, ce moment fondateur et permanent qui constitue chaque conscience comme figure de l'éternelle liberté [1]. Je connais parce que la vie, originairement, se connaît en moi [2] et qu'elle inscrit en moi sa mobilité essentielle, son passage ou son transit. D'être traversée par une vie qui ne lui appartient pas, mais qui la possède et la dépasse fait de la conscience une figure *(Gestalt)* de la Vie absolue appelée à se connaître soi-même, c'est-à-dire à devenir soi-même le savoir de l'éternelle liberté [3]. La véritable sagesse, pour cette figure de l'éternelle liberté que nous sommes, serait, comme sujet, de renoncer à tout vouloir et à tout pouvoir déterminés, pour être pur don de la Vie ou pure révélation de la liberté éternelle [4], de telle sorte que ce ne serait plus soi qui agirait, mais bien l'Absolu en soi [5], pour se transmettre, pour passer.

Ainsi, au-delà des systèmes [6], la philosophie véritable est la vie selon la sagesse. La seule question est de trouver, par-delà toutes les tentatives d'autofondation de la raison, une manière d'être à partir de l'absolue liberté qui cherche à se manifester en chacun. Il faut tenter de "s'exposer" à vivre selon le centre de notre existence [7], selon cet absolu imprenable qui nous confie à nous-même. Et la seule manière d'y parvenir n'est pas dans un nouvel effort spéculatif pour maîtriser le sens de ce destin. Il faut s'ouvrir à l'imprévisibilité de l'Amour, en nous défaisant de nos entreprises de calcul et de légitimation, en abandonnant nos mesures, pour laisser place à la véritable magie de l'existence [8], une magie qui nous *outrepasse (überschwängen)* [9]. C'est seulement de cette manière que le monde pourra reprendre ses droits

1. *S.W.*, IX, p.232.
2. *S.W.*, IX, p.226 (avec une allusion à 1 Co 13, 12).
3. *S.W.*, IX, p.234.
4. *S.W.*, IX, p.245.
5. Cf. Ga 2,4.
6. *S.W.*, XIII, p.133.
7. *S.W.*, IX, p.230.
8. *S.W.*, IX, p.244.
9. *S.W.*, IX, p.229.

dans une sagesse qui ne se conçoit pas comme détentrice du sens, mais se veut sujet ou porteuse d'un sens qui la dépasse et qu'elle cherche seulement à accueillir et à transmettre [1].

Le drame de la conscience religieuse nous paraît particulièrement éclairant pour saisir toute la portée de ce nouveau commencement en philosophie *qui permet à la conscience de ratifier une donation de sens originaire*. Le commencement n'est pas un sommet, un point culminant, comme le serait l'extase contemplative mal comprise [2], la compensation mystique que cherchaient les piétistes par exemple [3], mais il est par contre un nouveau point de départ : le commencement ouvre sur une tâche de la pensée et de l'action. C'est dans cette optique que le renvoi au destin de la conscience religieuse est instructif.

La conscience mythologique était, en effet, aux prises avec sa cohérence négative [4], prisonnière, en fait, de sa *représentation extérieure* du divin [5] et de son rapport purement culturel avec lui [6]. Dans sa représentation du divin, la conscience mythologique ne cesse de se projeter elle-même dans un rôle d'intercession toujours manqué à l'égard d'une liberté inaccessible [7]. Au Dieu vengeur, elle ne cesse d'opposer des simulacres de libération qui célèbrent la vie et l'amour [8]. Mais il ne s'agit toujours que d'échappatoires, comme en témoigne aussi une prédilection grandissante pour les croyances ésotériques, face cachée des cultes officiels [9], où la conscience tente d'apaiser ses craintes [10] par des rites d'autodivinisation [11], à l'envers d'une religion désenchantée

1. Être *"instar Dei"* (*S.W.*, XI 417), le "a^0 du A^0" (*S.W.*, XI 418). Voir aussi *S.W.*, XIII, pp. 358 et 359.

2. *S.W.*, IX, p. 230.

3. *S.W.*, XI, p. 557.

4. Le procès théogonique de la conscience (cf. *S.W.*, XI, p. 7, *S.W.*, XII, p. 10 et *S.W.*, XIII, p. 369). Voir V. JANKELEVITCH, *L'odyssée de la conscience dans la dernière philosophie de Schelling*, Paris, Alcan, 1933, pp. 255 et 256.

5. *S.W.*, XIII, p. 368, ainsi que pp. 472 et 473.

6. *S.W.*, XIII, p. 379.

7. Ainsi du rôle des divinités féminines (*S.W.*, XIII, pp. 411 et 412).

8. *S.W.*, XIII, pp. 436 et 437.

9. *S.W.*, XIII, pp. 508 et 509.

10. *S.W.*, XIII, p. 444.

11. *S.W.*, XIII, pp. 456 à 459.

et comme dédivinisée. La conscience païenne finit par glorifier la mort pour conjurer la fuite de ses dieux sans âme [1].

À travers la fable païenne, la conscience mythique ne saisit finalement que son propre drame : elle est rivée à l'extérieur, à l'apparence [2]. La religion chrétienne est historique [3]. Son centre n'est pas un livre ou un récit, mais un événement [4]. En elle, c'est une liberté qui s'adresse à une autre liberté. Le Christ s'offre comme point de départ pour la liberté ; il exige, pour marcher à sa suite, qu'on renonce à tout et que désormais tout soit vécu à partir de lui. Devant cet événement, la liberté est sommée de se décider et de se transformer. Le Christ ne laisse pas la vie indifférente : il perturbe le champ existentiel [5]. Il apparaît dans l'histoire et s'oppose à la gloire des dieux anciens [6]. Il rappelle la conscience à son destin intérieur et se réfère à l'Alliance la plus ancienne de l'homme avec son créateur [7]. À la conscience perdue dans ses désirs d'autorédemption, il indique la voie inédite d'un salut. Aux pensées exsangues de l'immortalité de l'âme, il oppose la résurrection des corps par l'ordination de toutes choses à l'essence spirituelle de la vie [8]. Le christianisme transforme la vie parce qu'il apporte une sagesse nouvelle [9], une sagesse qui peut paraître folie puisqu'elle repose sur l'abandon de toutes les certitudes et propose à l'homme d'accepter se perdre s'il veut sauver sa vie [10]. Mais seule une telle sagesse a été à même de transformer l'histoire du monde et de susciter l'attente d'un règne de l'Amour entre les hommes [11]. Elle a donné aux humains la conscience d'être partie prenante d'une histoire de grâce qui les dépasse.

1. *S.W.*, XIII, pp. 529 et 530.
2. C'est un monde aliéné (*S.W.*, XIII, p. 372), sans avenir en soi (*S.W.*, XIII, p. 508).
3. *S.W.*, XIII, pp. 195 et 196.
4. *S.W.*, XIV, pp. 2, 27 et 28, ainsi que p. 169.
5. *S.W.*, XIV, p. 27.
6. *S.W.*, XIV, p. 239.
7. *S.W.*, XIII, pp. 371 et 372, ainsi que *S.W.*, XIV, pp. 60 et 78.
8. *S.W.*, XIV, pp. 207 et 221.
9. *S.W.*, XI, pp. 267 à 269.
10. *S.W.*, XIV, p. 198.
11. *S.W.*, XIV, p. 328.

À l'ère du rationalisme moderne, Schelling voulait ni plus ni moins indiquer la direction d'une transformation aussi radicale de la raison. À une raison arrivée aux limites spéculatives de ses rêves de maîtrise et d'automédiation, il a voulu indiquer la voie d'une attitude nouvelle, donnant priorité à la sagesse, à « ce qui vient avant l'idée »[1]. Schelling a donc tenté d'opérer un renversement en philosophie qui permettrait à l'être humain de se libérer de ses procédures intellectuelles de légitimation, en se rappelant que la quête des principes ne peut remplacer l'accueil du principe absolu[2], l'attention non à notre pouvoir d'explication, mais à ce qui nous donne d'être humain dans un monde. La philosophie positive a donc une portée ontologique décisive : elle veut ramener à l'existence comme donation de sens, comme acte libre auquel nous appartenons et qui nous met en demeure d'être figure de liberté.

Ainsi comprise, l'articulation entre philosophie négative et philosophie positive mériterait certainement, malgré sa complexité, une plus grande attention de la part de la philosophie contemporaine. Les questions posées aujourd'hui à l'égard de la rationalité technicienne et de la rationalité instrumentale, les propositions pour une rationalité normative ou pour une raison communicationnelle[3] sont engagées dans une perspective semblable à celle de Schelling, dans la mesure où elles cherchent consciemment à opposer deux régimes de rationalité et à montrer la nécessité de les articuler en privilégiant le rôle du second, celui qui arrache la raison à sa dimension unilatérale d'appréhension-explication, qu'elle soit objectiviste ou subjectiviste, pour l'ordonner à sa dimension symbolique, voire religieuse, celle qui soumet la maîtrise à la prudence, la τέχνη à la φρόνησις. Toute entreprise rationnelle devrait ainsi être tempérée par la conscience de son unilatéralité et chercher d'abord à se soumettre

1. Cf. l'article de X. TILLIETTE, *Du Dieu qui vient avant l'idée*, in *Qu'est-ce que Dieu ?*, Bruxelles, Publications des Facultés Universitaires Saint-Louis, 1985, pp. 95 à 107.

2. *S.W.*, XII, pp. 168 et 169.

3. Voir, par exemple, J. HABERMAS, *Le discours philosophique de la modernité*, Paris, Gallimard, 1988, pp. 350 ss. Voir aussi le tour d'horizon proposé par A. WÜSTEHUBE, *Vollständige oder unvollständige Rationalität ?*, in *Philosophische Rundschau*, 38 (1991), pp. 257 à 274.

à la mesure d'un intérêt universel – par la discussion pratique, par exemple [1] – pour respecter le monde auquel elle appartient et qui l'a rendue elle-même possible comme figure.

Il est toutefois aussi éclairant et significatif de marquer d'emblée les limites d'une telle comparaison, en partant de Schelling. La philosophie positive que nous présente Schelling n'est pas une théorie basée sur une nouvelle appréhension de l'être social-historique comme communauté d'interlocution. D'aucuns diront sans doute que Schelling reste dépendant jusqu'en son ultime intuition du subjectivisme moderne qui s'accomplit chez lui dans une philosophie de l'Absolu comme volonté [2]. Mais un tel jugement ne permet pas d'évaluer l'originalité et la spécificité de la philosophie positive. Celle-ci, en effet, ne prétend pas se substituer à la théorie générale des principes, ni même la supplanter [3]. C'est plutôt la philosophie négative qui révèle son manque et laisse une question sans réponse [4], une question qui, ainsi laissée en suspens, pourrait même s'avérer perverse, dans la mesure où elle condamnerait son objet à apparaître sous cette forme problématique, comme si la *raison ultime* ou "première" n'était susceptible que d'une invocation mystique, semblable à celle avancée par Hegel à la fin de l'*Encyclopédie,* où la logique se sait, en son résultat, comme manifestation de l'Idée éternelle, le pur spirituel [5].

L'aporie de la philosophie négative ne peut être légitimement reçue que comme l'aveu de son incompétence, mais non comme un verdict. La raison pourrait, en effet, se contenter de la considération de son impuissance à signifier la liberté originaire qui la rend possible. Elle pourrait même tenir cette impuissance comme la seule signification de cette liberté originaire, son abandon à

1. Cf. J. HABERMAS, *Morale et communication*, Paris, Le Seuil, 1986, pp. 87, 104 et 137.

2. Cf. W. SCHULZ, *Die Vollendung des deutchen Idealismus in der Spätphilosophie Schellings*, in *Studia Philosophica*, 14 (1954), pp. 239 à 255, p. 250. Pour une reprise critique et approfondie de cette thèse, on verra DE VOS, L., *Transcendering der rede ? Over negatieve en positieve filosofie in de laatste filosofie van Schelling,* in *Problematische Subjectiviteit,* Heyde (éd.), Tillburg, 1991, pp. 79 à 111.

3. *S.W.*, XIII, p. 80.

4. *S.W.*, XIII, pp. 92 et 93.

5. Cf. par exemple, §§ 574 et 577 du *Précis de l'Encyclopédie des Sciences philosophiques*, Paris, Vrin, 1978, pp. 315 et 316.

l'humain [1], son effacement. On saurait alors que l' *"in-existence"* d'un Absolu différent de l'humain [2] signifie l'absoluité de l'humain en soi-même comme être relationnel [3]. Mais ce n'est pas la voie envisagée par Schelling. Celui-ci exige plus et différemment. Il exige de l'être humain qu'il abandonne ses manières de préjuger de son absoluité, qu'il cesse de spéculer sur l'union mystique des humains à travers les médiations de l'esprit objectif. La question est légitime, comme désir métaphysique [4], mais l'effort de cohérence par des principes autofondés est inadéquat. Aucune totalisation rationnelle ne pourra servir de principe absolu effectif, parce que celle-ci apparaîtra toujours, à l'esprit critique, comme un idéal régulateur, inaccessible. Par ailleurs, ceux qui prétendraient déjà vivre de ce principe mystiquement ne pourront jamais le transformer par l'effort de leur raison en principe universel, comme si leur vie renouvelée ou convertie pouvait servir de base à une théorie générale [5] ou comme si le génie pouvait s'établir en Sujet-ordre. On ne peut unir par le raisonnement le Principe absolu et la Vie absolue.

Pas plus la fable mystique que l'universalisme rationnel ne sont à même de présenter un principe absolu effectif, un *Prius réel.* Comme libre passage dans l'être, ce principe se présente lui-même, il apparaît comme principe actif, comme donation, comme liberté. La seule manière de recevoir une telle présentation qui viendrait à se concevoir ou à se connaître en nous, c'est-à-dire qui se donnerait soi-même à penser, c'est de se disposer à l'accueillir, c'est de l'attendre, de la vouloir, de s'ouvrir à elle. La philosophie positive suppose une volonté de libération intérieure, un *état de grâce* [6], semblable à celui de la conscience païenne à l'aube du christianisme [7]. Sans cette volonté, rien n'est possible : elle

1. *S.W.*, X, pp. 153 et 154.

2. Cf. l'article de Gw. JARCZYK, *L'altérité fondamentale*, in *Dieu*, Institut catholique de Paris, Paris, Beauchesne, 1985, pp. 117 à 128.

3. Voir Fr. JACQUES, *Différence et subjectivité*, Paris, Aubier-Montaigne, 1982.

4. *S.W.*, XI, pp. 558 et 559. C'est le désir de la "vie souveraine" chez Aristote.

5. *S.W.*, X, p. 187.

6. *S.W.*, XI, pp. 568 et 569.

7. *S.W.*, XIII, p. 524.

concrétise le détachement à l'égard de toutes les formes de préjugés qui entouraient la question du principe absolu. Dans cet état d'esprit, on peut considérer l'auto-présentation de l'Absolu comme principe dans l'histoire humaine, c'est-à-dire interroger les *traditions religieuses*[1], à partir de leur logique propre, comme relation réelle avec l'Absolu.

Ainsi, la philosophie positive est une *philosophie religieuse* : elle cherche à attester l'advenue de l'éternelle liberté dans le destin de l'humanité[2]. La figure religieuse de la liberté est pour elle de première importance. Pour la philosophie positive, suivre l'aspiration religieuse à la liberté, c'est reconnaître les voies de l'Absolu, saisir un sens en œuvre dans l'événement du monde, le sens d'une « liberté toujours plus grande »[3] qui dépasse les attentes humaines. La seule attitude qui corresponde à une telle puissance de vie dans l'existence est la vigilance, le détachement vis-à-vis des idéaux humains et des modèles dominants, non pour attester l'ordre tel qu'il se construit stoïquement, mais pour reconnaître l'inédit, l'imprévu, la renaissance comme autant de signes ou de manifestations du sens absolu de l'existence, liberté jamais restreinte à une figure, toujours susceptible de se départir des formes produites pour s'élancer vers d'autres constructions.

La philosophie positive se présente aussi comme « religion philosophique »[4], parce qu'elle veut vivre la relation à l'Absolu comme un principe de liberté. Son point de départ est un accueil du don de l'éternelle liberté, une confiance dans la vie et, plus particulièrement, une attention à toutes ses formes de manifestation comme liberté. L'important, pour une telle philosophie, est d'attester comment ce sont les événements[5] qui structurent la vie, l'inédit qui l'emporte comme une trame supérieure dans le destin humain.

De ce point de vue, il ne suffit pas à la rationalité positive de reconnaître à l'éthique une sorte de dimension religieuse rappe-

1. Cf. X. TILLIETTE, *op. cit.*, t. 2, p. 335. Voir aussi *ibid.*, p. 278, note 83.

2. *S.W.*, XIII, p. 132.

3. Nous pensons ici au *"je immer größer Gott"* de E. PRZYWARA. Cf. *Deus semper maior*, Freiburg i.M., Herder, 3 tomes, 1938-1940.

4. *S.W.*, XI, pp. 250 et 251.

5. *S.W.*, XIII, p. 114.

lant ce qui en l'homme est plus grand que l'homme. La philosophie positive est une *métaphysique de l'Absolu* qui prend son départ et trouve son principe dans le don qui donne l'homme à soi-même et avec lui toute vie en général et les garde ouverts à une mesure qui les dépasse, celle du monde ou de la Vie comme *donation absolue.* Comme le remarque Simmel à propos de Gœthe [1], l'argument de projection ou d'illusion anthropomorphique ne vaut pas contre cette métaphysique, car elle est précisément l'expression d'une dimension supérieure que l'homme vit dans ses traditions religieuses. C'est la dimension de l'Absolu comme Vie originaire ou source de Tout, celle du "θεῖον", comme dit J. Ladrière.

> Cette prééminence, c'est dans la structure du déploiement, celle du moment premier où l'unité est encore recueillie en elle-même. En ce moment cependant la possibilité du déploiement doit déjà être présente ; par conséquent, la différence, et le rapport de la différence à l'unité, conditions d'une dispersion capable de se retotaliser, doivent déjà être opérants. L'unité première n'est pas la simplicité absolue de ce qui est sans plus égal à soi, mais déjà la position d'un intervalle en lequel s'inscrit l'altérité, la consonance d'un accord qui est restauration de l'un à travers un écart où s'annonçait la possibilité du désaccord [2].

Voici les termes utilisés par Hartkopf pour indiquer cette même dimension chez Schelling dans la Philosophie de l'Identité :

> Ainsi la pensée et la connaissance humaines ne seraient pas seulement la réflexion du connaissant dans le connaissant, mais également son enracinement dans la forme absolue de manifestation de l'absolue auto-réflexion elle-même, qui

1. Cf. G. SIMMEL, *Philosophie de la modernité*, t. II, trad. par J.-L. Vieillard-Baron, Paris, Payot, 1990, pp. 169 et 170.

2. J. LADRIÈRE, *Philosophie et langage*, in *Annales de l'Institut de Philosophie et de Sciences morales*, Université Libre de Bruxelles, 1982, pp. 21 à 38, p. 32. À titre comparatif, voir *Einleitung in die Philosophie*, *op. cit.*, p. 127 et *Grundlegung der positiven Philosophie*, *op. cit.*, p. 422.

serait aussi dans sa totale autoréflexivité l'autofiguration active de l'Absolu [1].

On comprendra peut-être à cet égard qu'une critique théologique qui prendrait pour argent comptant les formules utilisées par Schelling, comme s'il s'agissait d'un traité de dogmatique, risquerait de nous détourner de l'intérêt majeur de la philosophie positive. Il en va ainsi, en particulier, de la critique de la trinitologie schellingienne. Schelling indique lui-même ses sympathies pour des thèses hétérodoxes et la critique a beau jeu de s'en prendre à ses tendances sabelliennes [2], comme en christologie d'ailleurs à son arianisme et à son monophysisme [3]. Mais il me semble que, dans la réflexion sur les "πρόσωπα" [4] sabelliens, on est sans doute plus proche de l'enjeu spécifiquement métaphysique d'une distinction des principes dans la "surdéité" comme cette "préscience du cosmos" dans la Vie originaire, qui importe plus au métaphysicien que la différence entre pérychorèse et économie salvifique [5], même si une différence apparaît aussi dans la spéculation métaphysique entre les principes et les puissances [6], suite à l'extraversion qu'entraîne la libre donation [7].

Il y a, dans la vie originaire, le germe d'un univers contenu dans la présence de l'Amour à soi-même comme autoposition infinie, indivisiblement puissance et ordre de vie. C'est la possibilité d'un déploiement de ce qui est déjà réalité, la possibilité du don absolu de ce qui se possède déjà. C'est la Vie originaire qui crée son autre, comme on s'allie à quelqu'un, non par nécessité ou

1. W. HARTKOPF, *op. cit.*, p. 317.

2. *S.W.*, XIII, p. 337, note 1. Voir E. BRITO, *Trinité et création*, in *Ephemerides Theologicae Lovanienses*, 62 (1986), pp. 66 à 88, pp. 78 et 79.

3. *S.W.*, XIV, pp. 162 et 185 (sur la question du "nestorianisme" de la tradition) ainsi que *S.W.*, XIV, p. 111 (pour une formule qui reste entachée d'arianisme). Sur l'option "cryptomonophysite", voir W. KASPER, *op. cit.*, p. 392.

4. Sur cette notion, voir X. TILLIETTE, *Schelling*, in *Histoire de la philosophie*, t. 2, Paris, Gallimard, *La Pléiade*, 1973, pp. 947 à 993, p. 990.

5. Cf. E. BRITO, *La création selon Schelling*, Louvain, Leuven University Press, 1987, pp. 529 et 532.

6. Sur cette question délicate, *S.W.*, XIII, pp. 271 et 272.

7. *Einleitung*, *op. cit.*, p. 132.

par privation, mais pour s'unir [1] : l'Amour est un “au-delà de l'être”, l'origine absolue et la finalité de l'existence. C'est sur le statut ontologique de cette unité que la dernière philosophie nous apporte les données les plus précieuses.

À cet égard, la question du sabellianisme de Schelling est d'autant plus significative qu'elle nous renvoie à l'analyse de la portée métaphysique du Monothéisme [2]. Contrairement à ceux qui veulent y voir une doctrine de l'Un – comparable à celle de Parménide –, une doctrine affirmant l'existence d'un seul Dieu [3], Schelling pense que le véritable enjeu du monothéisme est le procès par lequel la conscience en vient à reconnaître Dieu comme le seul existant : Dieu comme l' “*übereinzig*” [4], c'est-à-dire comme l'unité intégrant une mobilité essentielle, l'unité vivante d'une pluralité actuelle, en soi irréductible dans ses actualités, mais surmontée du point de vue de la Vie absolue qui les unit en tant que totalité suprasubstantielle ou suressentielle, l'*All-Einheits-Idee* [5]. Seule cette élucidation du rapport entre l'essence métaphysique de l'existence et son unité absolue comme vie originaire et toujours “originante” permet de prendre la mesure de l'épopée de la philosophie moderne [6]. Pour établir ce rapport, il fallait tenter d'achever la quête des principes rationnels commencée avec Platon et Aristote pour, ensuite, situer ce procès éidétique de la raison en regard de la “poïétique” qu'elle traduit et qui, en fait, la rend possible comme pensée du possible, comme interrogation sur la forme du concevable en général [7]. Pour concevoir une nature-artiste [8], capable d'autostructuration, tout en sauvegardant une origine absolue de la vie, c'est-à-dire en maintenant la nature métaphysique de l'existence, il fallait être en mesure de penser un procès substantiel d'auto-effectuation en rapport à une unité supérieure libre à tout moment de s'enclore

1. *S.W.*, VII, p.408.
2. *S.W.*, XII, pp.9 à 131.
3. *S.W.*, XII, p.21.
4. *S.W.*, XII, p.46. Voir aussi, *Grundlegung*, *op. cit.*, p.372.
5. *S.W.*, XII, p.79.
6. *S.W.*, X, pp.367, 368 et 372.
7. Cf. X. TILLIETTE, *op. cit.*, t. 2, pp.259 et 260.
8. *S.W.*, X, p.376.

ou non en ce procès, une unité sans nécessité d'être, disponible à toute figure, l'« Un au-delà de l'être ».

Pour Schelling, il s'agit de la liberté par excellence ou de l'Amour absolu, celui qui peut choisir la relation indépendamment de toute nécessité d'être [1], la Personne comme volonté de relation, comme pouvoir de se donner sans compter et aussi sans exiger de réponse. C'est l'absolue fidélité d'un Dieu qui ressort victorieux de toutes ses négations comme vie toujours offerte ou comme patience infinie, la Providence [2] aussi qui n'attend pas de se réaliser par son autre, mais qui reste invitation à la Vie et restitution au temps par-delà toutes les errances.

Bonhœffer a parlé de l'impuissance de Dieu [3] ; il y a une intuition semblable dans l'*Urpotenz* de Schelling ou dans le don de l'*Übereinzig* : pas d'interventionnisme en cette donation, pas de calcul mais plutôt la permanence du don qui maintient radicalement la proximité de l'origine ... si bien qu'on pourrait dire que le monde est toujours gros d'une renaissance, à la faveur même de l'absoluité qui le donne à soi-même comme liberté possible. La destinée de l'être reste suspendue à l'événement de l'absoluité qui s'y manifeste.

Nous pouvons préciser cette idée en faisant appel à l'*Introduction de Berlin* et au cours de 1830 publié par Walter Ehrhardt. Ainsi, on lit dans l'*Introduction de Berlin* :

> Elle <la raison> pose l'être sans concept, pour aboutir à partir de lui au concept, elle pose le transcendant pour le transformer en l'*absolument* immanent et pour avoir cet immanent *absolu* en même temps comme un existant, ceci n'est possible que par cette voie, car l'immanent absolu, elle l'a déjà dans la philosophie négative, mais pas en tant qu'existant [4].

La philosophie positive veut partir de l'*existant* qui advient au concept, qui se donne comme « absolument représenté », c'est-à-dire comme effectivité. La construction rationnelle, grâce à la

1. *S.W.*, XII, p. 269. Voir aussi *S.W.*, VII, p. 453.
2. *S.W.*, XI, p. 567.
3. Cf. D. BONHÖFFER, *Widerstand und Ergebung*, München, Chr. Kaiser, 1970, p. 178.
4. *S.W.*, XII, p. 170 ; trad. cit., p. 196.

pure pensée des principes [1], peut produire l'idée de l'effectif [2], mais elle ne pose pas pour autant l'effectivité. Il lui manque l'existence elle-même comme principe réel. Ainsi, pour Schelling, la pensée des principes ne peut s'achever qu'en se taisant sur la question la plus essentielle, celle de la source même de toute idée possible. Cette « catatonie rationnelle » [3] est néanmoins féconde, car elle annonce un autre usage de la raison fondé cette fois sur l'ouverture à l'être comme donation absolue. Une véritable pensée du monde et de la liberté suppose non seulement l'affirmation du pouvoir systématique de la raison principielle, mais aussi la mise en action de sa capacité essentielle à *recevoir* un monde, à se laisser saisir par la vie, à s'élargir [4] pour penser avec le temps, dans le mouvement d'un "advenir", parce que l'essence même reste un devenir pour l'être humain.

La philosophie ne s'ouvre réellement à la vie que si elle est capable de vouloir cette subversion de l'idée par le don absolu de l'existant, où la vérité formelle du penser – le processus – est vécue concrètement comme renaissance de la raison dans la culture d'une époque. Pour vivre, la raison doit donc accepter de renaître, abandonner son « être de principe », "secundo loco" [5], pour recevoir son monde absolument comme un "présent", enchâssé dans le passé comme don et dans le futur comme destin. La métaphysique de la donation découvre un *temps absolu* : un « présent absolu » en rapport à un « passé absolu » et à un « futur absolu ». Si le temps intramondain semble se répéter, c'est parce qu'il est toujours pur présent et comme pur présent, il se détache sur fond d'un passé et en vue d'un futur. L'éternel retour du même dans le monde n'est donc pas une pensée négative de la temporalité [6], mais l'ouverture à la véritable dimension ontologique de la temporalité. Le monde n'est qu'un seul temps, le présent, mais il demeure comme ce présent absolu dans l'immanence d'un vouloir qui le donne à soi-même et le destine, l'exis-

1. *S.W.*, XII, p. 172.
2. *S.W.*, XII, p. 61.
3. *S.W.*, XII, p. 165.
4. *S.W.*, XII, p. 145.
5. *Einleitung*, *op. cit.*, p. 75.
6. *Ibid.*, p. 136.

tant qui se manifeste éternellement selon cet ὄργανον des temps (les éons) [1], l'effectivité comme cette liberté diaphanique de la Vie absolue, suprasubstantielle. Le temps véritable est « le temps vivant de la création » [2], nous dit l'*Introduction de Munich*, le « temps de l'éternité » [3], celui qui nous unit à la Vie absolue, qui nous *transfigure* en manifestant son éternité dans le monde. Ainsi, le monde existe seulement *modo quodam aeterno* [4], comme un monde transi par la Vie absolue, enveloppé par le temps véritable [5], milieu divin de l'éternelle narration de l'Amour qui unit à soi en se donnant, en créant.

Marc MAESSCHALCK
(FNRS, Bruxelles)

1. *Ibid.*, p. 137.
2. *Ibid.*, p. 138.
3. *Ibid.*
4. *Ibid.*, p. 139.
5. *Ibid.*

UNE PHILOSOPHIE EN DEUX

Une philosophie en deux est en quelque sorte le pendant d'un précédent article intitulé *Deux philosophies en une*. Mais ce n'est nullement une rétractation, encore moins une palinodie. L'interprétation que je présentais jadis de deux philosophies plus ou moins hétérogènes que leur auteur *mutatus ab illo* s'efforçait en fin de carrière de rapprocher et de recomposer, me paraît toujours plausible ; elle correspond à l'entreprise héroïque de remettre sur pied la "philosophie purement rationnelle". Toutefois à distance d'années et mieux informé, je serais tenté d'infléchir ma position et de souligner que deux philosophies en une sont le reflet *en abyme* d'une philosophie en deux, et qu'avant de recoudre et de suturer, Schelling a éprouvé la déchirure et la division, puis il n'a eu de cesse de réconcilier ces parts de lui-même que le temps, les circonstances, la polémique avaient fractionnées.

Le binôme philosophique est un aboutissement et, d'une certaine façon, une réponse au problème posé par l'entrée en force de l'historicité et du fini dans une philosophie éternitaire telle que la philosophie de l'Identité. Dans l'itinéraire de Schelling, avec ses marches précipitées et ses phases stagnantes, le contraste du négatif et du positif est habituel, et il fut un temps où la philosophie de la Raison absolue était la positivité même. Mais il est incontestable que pendant la majeure partie de l'enseignement munichois philosophie négative a une nuance péjorative, destinée à mettre en relief l'originalité et l'autonomie de la philosophie positive. Une fois réhabilitée la philosophie rationnelle et statuée la dualité qui, bien que complémentaire, constitue une espèce de scandale [1], la question urgente concerne l'articulation, le passage (*Übergang*). Reste à savoir si l'*Übergang* réduit la dualité, si une passerelle jetée sur deux rives rattache suffisamment l'île et la terre ferme.

LA SOLUTION DE WALTER SCHULZ

Il y a une manière radicale de se débarrasser du problème épineux de la dichotomie, c'est de la supprimer ou de la nier. C'est en somme ce que fait implicitement Fuhrmans en renvoyant aux oubliettes la *Philosophie rationnelle* rénovée et inachevée – tout prêt à y relever des indices de sénilité. C'est ce que fait aussi, mais explicitement et en sens inverse, Walter Schulz, puisqu'il place tout l'impact de la philosophie positive dans la mouvance de la philosophie négative et de l' "extase de la raison", en la considérant comme une vaste "mythologie de la raison", qui tend à celle-ci un miroir inverse, un autre d'elle-même, où elle prend conscience de sa fracture interne et de son impuissance. En effet « les deux philosophies ne sont pas circonscrites à des domaines autonomes *définis*. Elles sont les portions d'un unique mouvement par lequel la raison médiatise en connaissance son contenu, la pure activité » [2]. Il ne s'agit en effet que de raison à travers cette accumulation de faits et de données, d'images et de documents, et c'est elle-même, elle seule, qui est capable de briser le cercle enchanté. « Avec la raison contre la raison » [3] Hegel obsède le rival. Schulz, en conséquence, n'enlève rien au paradoxe d'une raison qui, n'étant pas divine, doit pour son bien et en vue d'elle-même s'instruire du temps et de la mémoire :

> L'intégration complète de Dieu dans la philosophie, tellement complète que Schelling établit, à côté de la philosophie négative qui n'a Dieu que comme idée de la raison, encore une seconde philosophie pour parvenir à connaître Dieu en tant que réel, ne conduit pas à une sécurité tranquillisante, où Dieu serait simplement réduit dans la pensée, mais cette

1. SCHELLINGS *S. W.* (Cotta), XIII, p. 152.
2. W. SCHULZ, *Die Vollendung des Deutschen Idealismus in der Spätphilosophie Schellings*, Stuttgart, Kohlhammer, 1955, p. 188.
3. *Id.*, p. 196.

> réduction (*Bewältigung*), le pouvoir de la raison sur Dieu, la magie du savoir, est rompue par ce Dieu lui-même : ce Dieu s'élève de la pensée comme pure transcendance, inconcevable en sa réalité. [1]

Il en résulte une insécurité, le “paradoxe d'une anamnèse” qui, en intégrant la représentation à la pensée, projette en même temps la pensée dans la représentation, et c'est pourquoi les idées, les concepts, se mirent en figures et en personnes. La mythologie “tautégorique” qui paraît indemne de préjugés obéit en fait à la totalité du mouvement dialectique de la médiation [2]. La “métamorphose des dieux” est l'histoire de la conscience et des puissances qui la structurent. On se trouve pour ainsi dire devant une opération interne, endogène, où le philosophe n'intervient pas. Même l'extase, que Schulz pourtant monte en épingle, n'est qu'un signal : signal de rebrousser chemin ou de renverser la perspective, pour chercher hors de la raison l'aventure de la raison.

On le voit : les deux philosophies se touchent bord à bord, leur concomitance fait leur unité, le “passage” ne s'effectue pas pour les raccorder comme deux blocs distincts, c'est lui qui introduit la rainure et la distension et donc confère à la dernière philosophie une allure oscillante caractéristique. Il détient la clef d'une dualité toute relative, et il fonctionne comme un pivot autour duquel le rationnel et l'historique se disposent comme l'endroit et l'envers, le recto et le verso. C'est dire que l'interprétation de W. Schulz, la raison qui se fissure elle-même au contact du problème de Dieu – l'impasse donnant le signal du *revocare gradum* – est une interprétation du second degré, qui suppose une vue distante et globale de la démarche de Schelling, et son inclusion dans les destins de l'idéalisme et du postidéalisme allemands. Sans qu'on méconnaisse ce qu'elle a de neuf et de profond, l'hypothèse ne tient pas grand compte des hésitations, des tâtonnements, des reprises, qui ont présidé à la formation de la dernière philosophie, ni de la stagnation qui environne la refonte de la philosophie rationnelle. De plus, concrètement, la séparation ne s'est pas présentée comme la solution du problème

1. *Id.*, p.214-215.
2. *Id.*, p. 263.

latent de toute philosophie, mais comme une aporie à surmonter. D'où l'importance de la charnière. Mais auparavant il s'agit d'assurer l'indépendance de l'une et l'autre philosophie. Ensuite on entreprendra la réunification.

LE COMMENCEMENT DE LA PHILOSOPHIE POSITIVE

Le commencement subjectif de la philosophie positive est le commencement de la philosophie même, une aspiration, un désir [1], correspondant aux "sentiments obscurs" de Fichte en quête de la *Doctrine de la Science*. Ce commencement qui met en branle le philosophe s'exprime de façon dramatique par l'interrogation fameuse : pourquoi y a-t-il quelque chose et non pas rien ? [2] Schelling l'a orchestrée d'une belle prosopopée dans l'*Introduction* berlinoise, en lui imprimant une forte intonation existentielle. C'est le moment d'insatisfaction, d'inanition et de désespoir *(Zweifel-Verzweiflung)* [3] qui inaugure la marche au désert et qu'il ne faut pas escamoter. Le point de départ de la philosophie exige en quelque sorte l'écroulement du monde, le naufrage des certitudes. Le mémorable exorde des conférences d'Erlangen était resté gravé dans le souvenir des auditeurs, quand le philosophe s'était écrié : il faut abandonner Dieu même ! [4] et qu'un silence de mort s'était installé sur les travées de l'Aula Magna. Mais la décision de table rase et d'austère *Gelassenheit* qui correspond au dénuement et à la nudité de l'être n'est que le revers d'une exigence, d'une sommation (Fichte dirait *Aufforderung*) ainsi libellée : je veux l'être qui est ou existe, ressort infatigable tant de la philosophie négative qui, l'ayant atteint (en idée), fête son sabbat, que de la philosophie positive, attentive à admirer et à analyser les preuves de son existence.

Ce commencement subjectif et conscient de la philosophie est destiné à inclure dans son élan et à outrepasser la philosophie rationnelle. Celle-ci, en possession de son objet – l'être qui est, le maximum connaissable – peut camper sur son retrait ; libre à elle de couronner la fin de ses travaux. Nul n'est obligé de raviver

1. *S. W.*, X, p. 215 ; XIII, p. 160.
2. *Id.*, XIII, p. 7.
3. *Ibid.*, p. 158.
4. *Id.*, IX, p. 217.

l'inquiétude initiale et de repartir vers de nouveaux rivages [1]. Schelling *bifrons* précise qu'il n'impose aucunement le relais de la philosophie positive, c'est-à-dire de la philosophie religieuse. Mais comment se satisfaire d'un Dieu immobile, retiré dans sa perfection ?

C'est pourquoi l'accès à la philosophie positive entraîne une nouvelle escalade qui n'évoque qu'indirectement le commencement commun, le vouloir de l'être sur horizon de désespoir. Ç'a été l'ultime tentative spéculative de Schelling. Il se trouvait devant une "philosophie purement rationnelle" reconstituée en grande partie, il devait donc frayer la transition à partir d'elle. Malheureusement il n'a pu en livrer le texte définitif : ses fils Fritz et Hermann conformément à ses instructions ont compilé ses notes et ses brouillons [2], avec la piété requise. Or cette version, dernier état de la transition, concède beaucoup à la philosophie pure, au-delà de la νόησις νοήσεως [3] et du résultat de la preuve ontologique : le devoir sublime de Kant, la dévotion mystique de Fénelon, l'art imitation divine, la science contemplative inspirée d'Aristote et surtout de Platon [4]. De sorte que le Moi a conjuré le malheur en rétablissant avec Dieu un rapport idéel et contemplatif. Mais, selon la formule usuelle depuis la création de la philosophie positive, c'est un Dieu final, un Dieu telos [5]. Sans lui rien ne finit, avec lui rien ne commence. Il ne se montre pas comme le Souverain, le Maître de l'être, s'affichant dans l'existence et dans l'histoire.

Il reste alors, au seuil de la philosophie positive, à ranimer le vouloir de l'Être transcendant (que les prémisses négatives laissent intact), à redémarrer pour ainsi dire *da capo* : je veux ce qui est au-dessus de l'être [6]. Il convient cependant d'enchaîner, et cela ne va pas sans une nouvelle conversion et un réveil du désespoir – non plus le désespoir de la déréliction, mais dans un monde de péché le désespoir de l'*omnia vanitas,* accru par le goût de la

1. *Id.*, XIII, p. 132.

2. En se servant des agendas que H.J. Sandkühler s'emploie actuellement à publier.

3. *S. W.*, XIII, p. 106.

4. *Id.*, XI, pp. 559-560.

5. *Ibid.*, p. 562.

6. *Ibid.*, p. 564.

connaissance de Dieu. D'où l'apostrophe que les schellingiens récitent de mémoire : « C'est Lui, c'est Lui qu'il veut ... Car la personne cherche la personne ... » [1], et plus loin, comme en écho : « (l'individu ou le Moi) exige une personne hors du monde et au-dessus de l'universel, qui l'entende ... un cœur qui lui soit égal » [2]. La rhétorique de l'invocation ne saurait dissimuler une certaine faiblesse de l'argumentation : la transition ainsi conjurée ne porte pas vraiment sur la philosophie positive, mais directement sur la religion, le besoin religieux est attisé à même la philosophie. Il est vrai que le commencement subjectif de la philosophie positive (et de la philosophie en général) est doublé d'un point de départ objectif qui consolide les chaînons.

COMMENCEMENT ET TRANSITION

Il y a un paradoxe à accoler commencement et transition. Aussi bien la transition subjective extrapole-t-elle de la philosophie, elle a lieu dans le cœur de l'homme. Mais dans la série des moments objectifs, philosophiques, un hiatus est inévitable, s'il faut que le commencement commence ! En effet le moi est anticipé, le Soi est prévenu par l'Être *überschwenglich,* transcendant [3]. Le mouvement qui arrache la subjectivité à elle-même suppose l'emprise du maître de l'être (ou du monde) médiatisée par la religion, encore une extériorité. Or dans la version de l'*Übergang* à l'instant alléguée la tonalité était pathétique, et néanmoins dédramatisée. Walter Kasper n'a pas tort d'y percevoir l'amorce de l'interpersonnalisme et de la théologie du dialogue. Le moment du renoncement, du dessaisissement, sous l'égide de Fénelon, est affecté au mysticisme du pur amour, relayé par l'art et par la contemplation intellectuelle [4]. Toutefois, bien avant l'avènement de la philosophie rationnelle, dans les *Leçons sur l'histoire de la Philosophie moderne,* à propos de Jacobi, Schelling avait tenté de rendre plausible et nécessaire le passage du savoir à la foi à l'intérieur de la philosophie, donc sans

1. *Ibid.*, p. 566.
2. *Ibid.*, p. 569.
3. *Ibid.*, p. 570.
4. *Ibid.*, p. 557-558.

salto mortale et sans “dissonance” [1]. À cette date il introduit comme intermédiaire le phénomène de l’*Andacht* [2], assorti à un auto-anéantissement, *Selbstvernichtung* [3], qu’il récusera plus tard, l’atténuant en *vernichtigen* [4]. Cet acte de piété peut également s’appeler foi, croyance : l’autoanéantissement est comme effacé par l’Être *überschwenglich* [5]. Mais comme l’anéantissement porte en fait sur tout ce qu’il y a d’objectivité dans le Soi, il subsiste une subjectivité pure, une pure intériorité, identique au savoir achevé, et ce savoir pur peut coexister, voire coïncider, avec le savoir positif de la foi [6]. De sorte que le passage de savoir à savoir (par le non savoir) s’effectue au sein de la philosophie.

À ce point de ses explications passablement obscures et embarrassées, Schelling dessine en traits cursifs le programme de la philosophie négative (qu’il esquissait aussi dans la *Préface à Cousin* de 1834), vouée à retracer le retour de l’extériorité à l’intériorité, de l’objectivité à la subjectivité pure – et cela à l’encontre du dualisme et de la dissonance de Jacobi. Le fait qu’il attribue l’historicité ou quelque chose d’approchant au système envisagé, montre qu’il n’a pas encore tiré au clair le dimorphisme philosophique et qu’il pense les deux philosophies en continuité, sinon en symbiose. Quoi qu’il en soit, ce savoir existe, rationnel d’un côté, fait de foi et non de vision, de l’autre. Schelling lui accorde le parrainage de Christophe Colomb ! [7] Jacobi en aura été le prophète involontaire et malheureux, le voyant Balaam qui bénit à son corps défendant les tentes d’Israël-Schelling [8].

Une récente interprète de ce dernier, Birgit Sandkaulen-Bock, dans un livre bien conçu *Ausgang vom Unbedingten* [9], pré-

1. *Id.*, X, p. 181.
2. *Ibid.*, p. 180.
3. *Ibid.*
4. *Id.*, XI, p. 557.
5. *Id.*, X, p. 180.
6. *Ibid.*, p. 182-184.
7. *Ibid.*, p. 183.
8. *Ibid.*, p. 182.
9. Göttingen, Vandenhoeck & Ruprecht, 1990, p. 178-179. À l’intention du lecteur français je résume télégraphiquement le conte de Grimm : la course a lieu dans deux sillons parallèles ; le lièvre fanfaron a beau sprinter à perdre haleine et jusqu’à rendre l’âme, aller et retour, il est toujours devancé à

tend que Schelling a échoué tout autant que Jacobi, dont il partage la conception de l'inconditionné, commencement radical, être antérieur à la pensée. La philosophie dite négative est la preuve faillible, le rattrapage défaillant de l'inconditionné par la pensée : c'est la course du lièvre et du hérisson, où celui-ci n'est jamais distancé. Balaam a refusé le saut périlleux, mais le bond de Christophe Colomb a scindé deux philosophies, et l'on ne voit pas comment la philosophie positive est l'Israël que Jacobi n'a pas pu maudire : une transcendance qui devient immanence [1]. Une philosophie qui arpente l'espace entre un panthéisme, fût-il mauvais, et un théisme, fût-il blafard, est condamnée à rester chez soi.

Je ne fais pas mienne toute cette critique, bien qu'elle touche un point névralgique : l'agrafe du Dieu final au Dieu agissant, l'aspiration religieuse de la philosophie. Dans la ligne de la coalescence du subjectif et de l'objectif si importante pour ajointer une philosophie à l'autre (ce n'est pas à sens unique, car la philosophie positive doit s'annexer, au moins sommairement, la négative), l'exorde de la *Philosophie spéciale de la Révélation* fait fond sur le θαυμάζειν platonicien qui est le pathos du philosophe [2] : une insatiable capacité d'étonnement qui ne s'arrête qu'en face de l'Admirable absolu [3]. Le θαυμάζειν est un ferment d'inquiétude, une « consomption de l'esprit » [4] – on entend en écho la prosopopée, elle aussi suggérée par l'Ecclésiaste, de l'*Introduction* berlinoise – jusqu'à ce que le savoir puisse reposer en paix. On peut bien appeler ce repos la foi, à condition de ne pas la comprendre comme une assurance infondée. Cette attitude qui demande « du cœur » [5], qui élargit l'intelligence, est corrélative de la grandeur de l'objet : l'action de Dieu dans l'histoire, les *magnalia Dei,* l'histoire du salut, le plan divin, le mystère caché aux générations. En ce sens il faut avoir le « courage de croire » [6]. Ce vibrant éloge des merveilles de la Révélation ne peut faire

l'arrivée par le hérisson avisé ou sa commère la hérissonne, postés chacun à un bout de ligne droite où ils surgissent au bon moment !

1. *S. W.*, X, p. 182.
2. *Id.*, XIV, p. 12.
3. *Ibid.*, p. 27.
4. *Ibid.*, p. 13 ; cf. X, p. 176.
5. *Id.*, XIV, p. 16.
6. *Ibid.*

oublier à Schelling que le polythéisme ou le paganisme appartient à la philosophie positive, et qu'une telle captivité de l'esprit ne saurait être rangée parmi les prodiges de l'intervention divine : aussi bien l'inclut-il dans le sillage de la Révélation, mais à titre de repoussoir et de délivrance. C'est donc que le θαυμάζειν et le surnaturel ne sont pas les seules voies d'accès à la philosophie positive. On pressent également que la mythologie, issue de la chute, n'est pas sans parenté latérale à la philosophie négative, comme naguère Miklos Vetö l'avait opportunément souligné.

Mais le pivot et la plaque tournante de la transition, son ressort le plus tendu, en même temps que l'anneau d'airain qui attache et soude les deux philosophies, la clef de l'interprétation pour Schulz, est la célèbre extase de la raison, avec son corrélat l'immémorial ou l'existant nécessaire.

L'EXTASE DE LA RAISON

Le regretté Luigi Pareyson, dans une étude retentissante intitulée “Lo stupore della ragione” [1], a examiné sous tous ses aspects l'expérience mentale et existentielle sous-jacente, que Schelling a caractérisée avec un luxe d'adjectifs qui font voisiner le ravissement, le transissement, la stupéfaction, le vertige, la paralysie, le mutisme, la cécité, etc. [2], toutes métaphores qui ne viennent pas au hasard et qu'il faudrait passer au crible. Quand la raison perd pied et se trouve frappée de mutisme et de vertige [3], la question s'élève lancinante : est-ce la fin de la philosophie rationnelle, est-ce le commencement et l'amorce de la philosophie positive ? La défaite de la raison peut-elle se retourner en victoire ?

Quand la raison est-elle aliénée, sise hors d'elle-même, désorbitée ? Au cours des pages superbes qui paraphent l'*Introduction* de Berlin Schelling offre un précieux repère en se référant à Kant : la preuve cosmologique avec le soliloque de l'existant nécessaire, « Et moi, d'où suis-je ? » [4] ; tout s'effondre alors sous

1. “Lo stupore della ragione in Schelling”, *Romanticismo, Esistenzialismo, Ontologia della libertà,* Milan, U. Mursia, 1979, 137-180.
2. *S. W.*, XIII, p. 161-163.
3. *Ibid.*, pp. 163, 165.
4. *Ibid.*, p. 163.

les pas de la raison. Ce saisissement devant l'éternité *a parte ante* (qui mettait en transe le jeune Jacobi), Kant l'appelle l'abîme de la raison humaine, et Schelling s'en souvient lorsqu'il qualifie l'existence nécessaire d'existant sans fond, d'existant abyssal [1]. Cependant Kant se penche un instant au bord du gouffre et passe son chemin. La raison de Schelling, elle, chancelle avant de se ressaisir. Kant et Haller ne sont pas pour lui les seuls témoins d'une raison prête à sombrer. Leur effroi est tout intellectuel, le sien a connu des stations préparatoires marquées par l'affectivité : l'*Ungrund,* l'abîme de la liberté et du mal *(Recherches sur la liberté),* la démence et la solitude épouvantable de l'*Urwesen* (*Weltalter,* première version), le désespoir et le "malheur de l'existence" *(Empirisme philosophique).* Autant de situations-limites qui assignent des butoirs à la pensée. Elles se rassemblent et culminent dans la raison extatique.

Le corrélat de l'extase, l'existence opaque qui aveugle le savoir, Schelling, anticipant Gabriel Marcel, le nomme volontiers l'indubitable existentiel [2]. Ce n'est pas le seul vocable, l'existant abyssal est assorti d'épithètes plus ou moins symétriques des synonymes de l'extase : l'être sans fond, infini, aconceptuel, abrupt (*geradezu,* tout d'une traite), dénudé, substantiel ... [3], surtout l'être immémorial, *das Unvordenkliche* [4], sur lequel Schelling a concentré sa crainte révérentielle et son émoi religieux. L'immémorial, prononcé avec emphase, aide à comprendre comment l'Être suprême est également l'Existant nécessaire, socle immense d'opacité et de nuit.

Pour Schulz la raison extatique et son noème l'existant nécessaire se tiennent exactement à l'intersection des deux philosophies dont ils déterminent la césure. Celle-ci n'intervient qu'après, mais elle a été élaborée à partir de *disjecta membra* cherchant leur unité. De là l'urgence de la question : à quel type de philosophie appartiennent la raison extatique, l'existant nécessaire ? Le texte de la raison abyssale est un *hapax,* mais dans son étude classique Pareyson a capté les échos et les renvois

1. *Ibid.*, p. 161.
2. *Ibid.*, p. 158.
3. *Ibid.*, pp. 158, 161, 164-166, 170, 247, 278.
4. *Ibid.*, pp. 173, 211, 262, 264, 319.

implicites sertis dans les épithètes de la raison subjuguée, les références à la mystique, à la théosophie, aux mystères et, avant tout, à la mythologie elle-même : avec ses représentations envoûtantes n'est-elle pas l'état et le prototype de la conscience aliénée, hypnotisée, endormie, en proie au dieu et enchaînée à la loi d'airain de l'Anankè ? Ce qui est ramassé dans l'instant vertigineux – une intuition intellectuelle – de l'abîme de la raison s'étire en réalité tout au long de la longue odyssée somnambulique de la conscience. Schulz relève que le sujet mythologique est *reiner Ekstatiker*[1]. L'ambiguïté de l'extase est confirmée, d'un côté tournée vers l'immémorial et l'anamnèse qui réveille l'angoisse, de l'autre promue à la catharsis et à la cure psychédélique que la Révélation parachèvera ; du même coup aussi l'ambiguïté de la philosophie de la Mythologie, au sein de la philosophie positive elle est le pôle négatif, la dissimulation de Dieu et l'endurance du châtiment. Néanmoins nous ne suivons pas Schulz rattachant la philosophie positive au versant rétrospectif de l'extase.

D'autant que Schelling a interdit la procédure extatique appliquée à la science positive : chez les mystiques, les théosophes, les visionnaires, Jacob Boehme, en particulier chez Spinoza[2]. Il ne fait pas grief à Spinoza du point de départ extatique, qui donne à sa philosophie une emprise fascinante ; mais le commencement saisissant n'est pas suivi d'un développement, le système est figé. Le commencement doit être dépassé, refoulé, sinon il ne commence rien. Au *Quod* doit s'adjoindre le *Quid*, après que le *Quid* s'est exténué en *Quod*.

Or l'ambiguïté redouble quand on sait que l'existant nécessaire est formellement la fin de la philosophie négative. Cela semble contrevenir à la proposition qui veut que la fin de la philosophie négative ne soit pas le commencement de la positive (il n'y aurait plus de séparation). Du reste celle-ci peut commencer d'emblée, d'entrée de jeu. Or Schelling dit les deux choses : que l'extase est la fin de la philosophie négative et qu'elle déclenche la positive. À dire vrai la fin finale de la philosophie rationnelle est l'être suprême, la pensée de la pensée. Le

1. *Op. cit.* p. 262.
2. *S. W.*, XIII, pp. 156-157, 163, 166.

necessario existens, le pur acte d'être, vient de la rive ultérieure, et il suppose un surcroît de questionnement et pour ainsi dire un ferment existentiel. L'extase est une interface et une *vox anceps*. Elle ne dicte pas un comportement. Kant, déçu par l'argument ontologique, a laissé juxtaposés les concepts d'Être suprême et d'existant nécessaire. Schelling, reprenant la suite des moments au chapitre XXIV de la *Philosophie rationnelle,* donne une portée rétroactive à l'élan originaire de la philosophie positive, inversant l'Idée, et c'est cette idée inversée, *umgekehrte Idee,* idée qui n'en est pas une, que la philosophie négative est censée transmettre à la philosophie positive. La manœuvre est subtile, et j'ai parlé jadis de "muscade" pour l'existant nécessaire ! Seule la volonté de "demeurer dans l'Idée" au lieu de transiter à l'existence distinguerait en fin de compte le négatif du positif. Mais alors l'extase, le vertige, l'immémorial, l'extraversion, simples signaux sur un parcours, perdent de leur teneur dramatique ; et les penseurs comme Aristote et le félon Hegel qui embrouillent le positif et le négatif, le réel et l'idée trouvent des excuses.

Cette pierre d'achoppement de la dernière philosophie, dont Schulz fait la pierre de touche, la raison extatique, mène en fin de compte une vie assez brève dans l'histoire de la dernière philosophie. L'existant nécessaire persiste, mais plutôt à titre d'énigme, de menhir solitaire, de référent inamovible. *Que ce granit du moins montre à jamais sa borne ...*

AMORÇAGE DE LA SCIENCE POSITIVE

La décision tacite qui préside à la science rationnelle concerne l'exploration de la pensée dans les lisières de la pure raison [1], c'est ce qui conditionne son autonomie et sa noblesse. La décision élicite porte sur la réponse à la question qui, une fois pour toutes, d'Aristote à Heidegger, définit la tâche philosophique : τί τὸ ὄν ; qu'est-ce que l'être ? Elle est suivie régulièrement chez Schelling, sous diverses incidences, d'un exposé de la théorie des trois puissances. Puisque celle-ci partage avec la philosophie positive l'honneur d'être appelée la métaphysique (les principes de l'être

1. *Id.*, XI, p. 303 ; XIII, pp. 148, 154. Pour Schelling c'est plutôt : qu'est-ce qui est l'Être ?

et du devenir), la philosophie positive, qui est aussi, en alternance, la métaphysique, inclut obligatoirement des éléments d'ontologie. Schelling en fait la démonstration, passablement travaillée, dans la *Philosophie générale de la Révélation.* Le rapport postulé des deux philosophies est donc loin d'être résolu par une "solution de continuité" doublée d'une transition, puisque la science positive, même lorsqu'elle démarre "au coup de pistolet", doit chercher dans la raison les concepts dont elle a besoin. Le *summum cogitabile* ne sera atteint que si l'on a retraversé le *primum cogitabile* [1].

La jointure interne des deux philosophies dans l'ultime phase de réflexion, en dépit du contraste des physionomies, est très notable dans la configuration du dernier chapitre, rédigé avec des pièces rapportées, de la *Philosophie purement rationnelle.* C'est l'ultime état de la pensée de Schelling, ce qui ne signifie pas que l'éternel ravaudeur en ait été pleinement satisfait. En tout cas l'extase de la raison et le vestige de l'être abyssal ont disparu de la suite des jalons. On en discerne cependant une trace effacée dans l'inquiétude renaissante du Moi parvenu au but et dans l'abstraction *(Abgeschiedenheit)* du principe [2], le non savoir, la pure idée : le *Quod* pur et abstrait. Une intuition aveuglée, c'est tout ce qui reste de l'impressionnante panoplie de la stupeur. Le *necessario Existens,* qu'il s'agissait de faire coulisser à la *natura necessaria* [3], n'oppose pas d'obstacle puisque tout le procès rationnel a démontré cette nécessité de nature du principe : qu'il est l'Acte par essence [4]. Étant par nature l'Être actuel, il faut qu'il le soit aussi en acte, *actu Actus,* donc qu'il soit extériorisé, *estromesso* diraient les Italiens, extrapolé de l'idée, où il est comme perdu et enlisé [5]. Cela s'exprime non point par un sursaut existentiel (supposé effectué par ailleurs), mais par une simple substitution de prépositions : le *als Prinzip* se muant en *zum Prinzip* [6]. Le Ἕν τι (pur *Quod*) change de signe. Sous quelle pression, sous quelle instance critique ? Nous l'avons vu et il est superflu de le répéter :

1. *Id.*, XIII, pp. 149, 151.
2. *Id.*, XI, p. 560.
3. *Ibid.*, pp. 317, 562; XIII, pp. 104, 149.
4. *Id.*, XI, pp. 562-563.
5. *Ibid.*, pp. 564, 567, 569.
6. *Ibid.*, pp. 560, 563, 570.

c'est le Moi, l'individu, qui appelle un Dieu personnel à son image, un "cœur pareil", même si c'est une vague réminiscence du *Prométhée* de Gœthe. Le recours à l'individu au lieu de la raison pratique n'est pas sans créer un problème, aussi l'aveu que la transition veut dire transfert à la religion [1]. Absoudra-t-on Schelling de toute métabase ? Mais on articulera tout aussi bien qu'il reprend en sous-main une herméneutique philosophique de la religion, juste après avoir, le temps d'un éclair seulement, fait céder un chaînon rationnel.

Le report des puissances de l'Être sur le Prius absolu A^0, le roi nu régnant désert au-dessus de l'être, a lieu sans trop de mal dans la *Dissertation des Vérités éternelles* [2], sous le couvert de l'unité de l'être et de la pensée. La seconde question est captieuse : comment ce Dieu d'abord inerte, puis revêtu de ses attributs potentiels, va-t-il se comporter hors de l'Idée comme Seigneur réel de l'être ? Le raisonnement n'y suffit pas, même guidé par la voix du cœur. Il faut une Révélation, l'existence d'un Dieu personnel et providentiel ne se peut inférer que de l'histoire tout entière « à travers toute la réalité et le temps entier de l'espèce humaine » [3] !

Une fois le "Dieu des philosophes" affranchi du carcan de la raison et de l'adhérence de l'idée, la voie est libre et le mouvement pour aller plus loin. L'histoire et la religion ouvrent des perspectives inouïes. Pourtant le grief de métabase resurgit. La *Philosophie spéciale de la Révélation,* par exemple, est une christologie scripturaire et dogmatique d'où les puissances sont bannies. Par contre la *Philosophie générale de la Révélation* atteste, au moins jusqu'au résumé mythologique, un chevauchement du rationnel et du positif qui correspond assez bien à l'intention latente de la dernière philosophie. Mais si l'on examine le corpus entier des Œuvres posthumes, on n'obtient pas un paradigme satisfaisant de ses *disjecta membra.*

1. *Ibid.*, pp. 569-570.
2. *Ibid.*, pp. 575-590.
3. *Ibid.*, p. 571 ; XIII, p. 132.

Au fond Schelling n'était pas vraiment acculé à la dichotomie philosophique [1]. La philosophie rationnelle est souterraine mais vigilante dans la positive (elle y "triomphe" par manière de parler, avec un peu d'emphase rhétorique), et même elle "pousse" à la positive. Inversement la positive est originaire, c'est son injonction qui anime secrètement le procès de la négative. La distinction apparaît moins nécessaire quand la rationalité, à part une poignée de Faits transcendants, reprend la haute main sur les contenus religieux. Seulement il fallait pourchasser les mânes de Hegel, accusé de plagiat.

Xavier TILLIETTE
(Université Grégorienne, Rome)

1. Cf. XIII, p. 151 n. et tout le luxe de précautions qui entoure l'*Introduction* berlinoise : XIII, p. 145 (la rivalité) ; p. 148 (commencer par la négative) ; p. 152 (le scandale) ; p. 152 (la négative conscience de la positive, sa dignité autonome) ; p. 153 (le "triomphe" de la négative, la négative devenue positive) ; p. 153 (la positive prioritaire et originaire) ; pp. 153, 161 (la positive commençant par soi) ; p. 154 (la négative pourrait rester seule) ; pp. 160-161 (la positive ne commence pas dans la négative) ; p. 168 (la fin de la philosophie rationnelle est l'Être suprême). Etc.

SCHELLING – UNE POLITIQUE NÉGATIVE

Qu'est-ce qui peut bien nourrir une réflexion sur le politique dans la pensée de Schelling ? À cette question, apparemment impertinente, nous voudrions tenter de répondre au moins partiellement en dégageant quelques éléments d'analyse par l'ajointement de moments de la philosophie schellingienne qui, dans l'œuvre (laquelle, comme on sait, ne fait œuvre qu'en se "désœuvrant"), n'entrent pas nécessairement en cohésion ou en continuité entre eux. Autrement dit, il ne s'agira ici ni de retracer dans leur succession et de comparer les diverses déductions du droit et de l'État [1] ni d'examiner pour lui-même le rapport de Schelling à la politique, ses positions conjoncturelles, encore que l'effort pour circonscrire ce qu'on appellera la politique négative schellingienne en soit relativement tributaire dans ses contenus – nous en dirons un mot.

La première difficulté tient au statut de ladite politique négative et à la délimitation du champ d'investigation qu'elle désigne. Sa détermination procède d'une insatisfaction ressentie, inégalement, devant deux types de position de la question. Le premier consiste à invalider intrinsèquement toute interrogation portant sur Schelling et le (ou la) politique, à délégitimer *a priori* la coordination des deux espaces, si l'on peut dire, au motif que le procès de pensée schellingien trouve sa véritable unité, par-delà l'éclatement, le côté *work in progress* de l'œuvre, dans ce qu'un des tout premiers textes nomme « le pas de l'infini au fini » [2], le

1. Ce que fait fort bien A. HOLLERBACH, *Der Rechtsgedanke bei Schelling,* Frankfurt, V. Klostermann, 1957 – quelles que puissent être les rectifications qu'il faille ici ou là y apporter.

2. *Sämtliche Werke (S.W.),* éd. Cotta, 1856-61, I, p. 238.

passage de l'Absolu au monde sensible et à la finitude. Le travail incessant, le tournoiement continu de la pensée schellingienne autour de ce "pas", en même temps qu'il assurerait la structuration, même fragmentée, de l'ensemble, expulserait forcément vers d'insignifiantes marges la question du politique. Si le présupposé de départ de cette position est entièrement fondé, c'est ce qu'il croit pouvoir emporter positivement qui paraît devoir être discuté. L'autre problématique, symétrique et inverse, s'atteste dans une tendance interprétative qui entend notamment s'autoriser de l'exhumation des *Tagebücher,* celui de l'année 1848 étant tout particulièrement crucial pour le présent propos [1]. Elle consiste à imputer à Schelling et une philosophie de l'histoire et une philosophie politique, sans construire les médiations réflexives et interrogatives requises si l'on se tient à ce dont instruit la première position, pour ensuite en accuser les limites et en repérer les trop évidentes apories – toutes choses plutôt recevables dans leur ensemble, mais à la seule condition qu'ait été rigoureusement établi le cadre conceptuel de l'analyse, soit l'existence théorique d'une philosophie politique schellingienne. Tel n'est pas le cas semble-t-il : il ne suffit pas qu'il y ait, dans le *Tagebuch* de 1848 exemplairement, de la philosophie et de la politique pour qu'il y ait de la philosophie politique. Cela reviendrait à implicitement tenir que l'articulation des deux, même dans sa problématique absence du *Nachlaß* berlinois, puisse demeurer impensée. Or seule la démonstration que la question de la πολιτέια envisagée comme le meilleur État possible est l'objet d'une théorisation schellingienne positive assurerait la légitimité de cette thèse. Comme nous le verrons, l'État n'est jamais pensé par Schelling comme Καλλίπολις, idéal de la raison politique, mais comme substrat ou condition purement contingents. Si l'on retient, pour résumer, le présupposé de la première position de la question (appelons-le, pour faire vite, le primat de l'Absolu) et si l'on récuse le cadre pré-postulé par la seconde, à savoir

1. F. W. J. SCHELLING, *Das Tagebuch 1848,* éd. H.J. Sandkühler, Hamburg, Meiner, 1990, texte primitivement non destiné à la publication et qu'il faut lire en même temps que M. SCHRAVEN, *Philosophie und Revolution. Schellings Verhältnis zum Politischen im Revolutionsjahr 1848,* Stuttgart/Bad Cannstatt, Frommann-Holzboog, 1989.

l'existence d'une philosophie politique schellingienne, quelle place le politique va-t-il pouvoir trouver dans cette méditation de l'Absolu dont la non-extériorité désautonomise toujours plus ou moins la médiation, le fini, et comment retenir de cette médiation des éléments discontinus mais utilisables, convocables, pour une pensée du politique ?

Nous voici donc ramenés, après une indispensable élucidation de perspective, à la politique négative elle-même et aux premiers linéaments de sa définition. Dans la pensée schellingienne, le politique se tient dans un lieu vide figuré par le procès de son auto-dissolution dans l'histoire de l'Absolu. Il ne détient donc pas de statut spécifié. Mais justement dans ce ne ... pas, dans cette négation, se tient une pensée, ou tout au moins une vision du politique. Si le politique, l'étatique, n'est que pour être surmonté, on dira que dans ce devoir-être-surmonté [1], il est, il dit quelque chose de son essence. Cette proposition est évidemment en connexion avec la structure générale emportée chez Schelling par l'absoluité de l'Absolu. À partir du tournant théiste, et même dès son amorce en 1804, Schelling s'efforce de penser le "pas", le passage à la finitude, dans et par la liberté comme réalité ontologique. Le libre, c'est l'autre de l'Absolu, la Chute est un passage au néant. Mais ce néant – et c'est un point décisif – est un néant effectif : c'est le domaine de l'historicité du fini de l'existence effective de l'homme. S'il y a bien dans l'événement de la Chute une inversion entre non-étant et étant, une prise de pouvoir du non-étant sur l'étant, un coup de force de la finitude qui se fait être-soi, cette inversion à une réalité effective, elle est tout autre chose qu'un moment dialectique sursumable dans le suivant ou que le simple avant provisoire d'un après définitif. Pour sortir du monisme métaphysique de la philosophie de l'Identité ou le bien et le mal étaient des pôles harmonisables, comme la nature et l'esprit ou la liberté et la nécessité, la philosophie médiane pense la positivité dévorante de l'inversion au moyen de catégories extrêmement remarquables : le « surmonté mais non anéanti », la « fausse unité dotée d'une vie

1. *S.W.*, XI, p.552.

propre », le « tout disjoint »[1]. On pourrait montrer (mais c'est un autre aspect du questionnement) que ces structures théoriques trouveraient à s'investir précieusement dans l'analyse de bon nombre de phénomènes politiques, en ceci qu'elles permettent de désigner dans l'instance étatique comme sphère séparée et autonomisée le lieu d'une résistance effective à la fluidité créative des libres subjectivités et de leurs manifestations, ou à tout le moins de leur substantification[2]. Elles invitent en tout état de cause à se déprendre de toute représentation du champ politique comme le produit d'un mouvement par lequel le sujet reconnaîtrait dans l'objectivité ce qu'il a lui-même engendré et en ferait une sienne expérience hors de tout déchirement ou par une réconciliation après-coup, une suture du déchirement. Comme la domination du fond sur l'existence, pour parler l'idiome de la *Freiheitsschrift*, détient un caractère strictement extérieur, l'humanité ne saurait trouver dans l'histoire, dans le monde, le vaste et confiant horizon de son déploiement plénier, l'objectivation de son auto-libération. Car dans le moment même ou elle habite ce monde, elle y est aussi bien extérieure. Ce monde inverse, ce monde à l'envers, il s'agit moins de le remettre sur ses pieds, selon la fameuse formule, que de savoir qu'il a une fin vers laquelle il chemine, qu'il est inachevé d'un inachèvement non pas logique mais historique, qu'il est en devenir. On a là un premier élément de la politique négative schellingienne, élément théologique et politique. Ce philosophème de l'inversion-inachèvement du monde se corrobore nécessairement d'un autre : ce monde-ci, pour Schelling, n'est rien d'autre qu'un temps, un temps déterminé. On a vu pourquoi il était peu tenable de parler de philosophie politique schellingienne. Peut-on en revanche dire de la philosophie positive (puisque c'est d'elle qu'il s'agit en l'occurrence) qu'elle est une philosophie de l'histoire ? Sans doute, à condition de préciser le contenu de cette expression dans le cas d'espèce. Pour

1. *Weltalter (WA.), Urfassungen,* München, Schröter, 1966, p. 51 ; *Œuvres métaphysiques,* trad. par J.F. Courtine et E. Martineau, Paris, Gallimard, 1980, p. 152 et p. 155 (*S.W.*, VII, p. 366 et p. 370).

2. On songe ici à la critique jeune-marxienne (1843) du droit politique hégélien. Cf. également les pages qu'y consacre M. MAESSCHALK, *L'anthropologie politique et religieuse de Schelling,* Paris / Louvain, Vrin / Peeters, 1991, pp. 127-147.

se reconnaître dans son humanité, l'homme doit se comprendre comme le produit d'une histoire. Mais cette histoire ne saurait être connue comme la sommation des faits et données empiriques qui l'égrènent. Son historicité est en quelque sorte toujours "anti-historique" ou "supra-historique" [1], comme dit Schelling. En d'autres termes, à l'opposé de toute histoire historienne, pure légalité objective de l'entendement lorsqu'il saisit la succession chronologique, la connaissance historique, la connaissance de l'histoire de l'Absolu, est une quête du vrai commencement et de la vraie fin, un mode de considération de l'ordre du monde comme acte médiatisé par une libre résolution. Cette décision volontaire, cet acte libre sont liés au temps et à son écoulement, quand bien même ils seraient ceux d'un Absolu. On peut donc s'autoriser à parler d'une philosophie de l'histoire schellingienne, et à coup sûr d'une philosophie historique, pour peu que l'on tienne qu'elle est toujours dans ses déterminations concrètes une théorie, ou mieux une généalogie du temps, selon la belle expression des *Âges du Monde* [2]. En quoi la thèse du système ou de l'organicité des temps peut-elle figurer un élément de la politique négative ? Pour l'essentiel, en ce qu'elle traduit ontologiquement l'implicite du philosophème de l'inversion-inachèvement : le présent n'a aucune préséance, aucun rang privilégié [3]. Ceci contraste fortement avec les schèmes de la déduction (le temps comme forme de nos représentations) et de la succession (le temps linéaire et homogène) qui se ramènent toujours, de quelque manière, au primat du temps et à son absolutisation, à son éternisation suggère Schelling : ce temps jamais autre, ce temps toujours le même, concaténation de causes et d'effets, n'est rien qu'un présent toujours maintenu, un maintenant qui s'étirerait sans fin en

1. *Système de l'idéalisme transcendantal, S.W.*, III, p. 593 et *Philosophie de la Révélation, S.W.*, XIV, p. 35.

2. *WA.*, éd. cit., p. 75.

3. Thèse concomitante de la critique du rationalisme : la raison comme « organe du présent » n'est rien que « la violence inscrite dans la tension de l'état présent des choses » dont elle se fait nécessairement, par le type de causalité qui la porte et l'autorise, le conservateur ; elle considère en effet « l'ordre actuel ... comme nécessaire » au lieu d'y voir « quelque chose qui pourrait aussi bien ne pas être » *(Grundlegung der positiven Philosophie (G.P.P.))*, éd. par H. Fuhrmans, Turin, Bottega d'Erasmo, 1972, p. 90.

arrière et en avant[1]. Pour Schelling, notre temps et ce monde-ci, notre temps c'est-à-dire ce monde-ci[2], sont finis ; et s'ils sont finis, c'est qu'il y a un temps pré-mondain et un temps post-mondain, c'est que le monde n'est pas autre chose qu'une forme déterminée de l'existence présente, non-éternelle, ouverte sur son surmontement, comme le politique lui-même de façon générique. La philosophie de l'histoire schellingienne « veut dépasser le monde »[3]. L'historicité de l'histoire est donc déterminée par ce vouloir-dépasser-le-monde. La comprendre, c'est la saisir comme histoire de la liberté – celle de l'homme et celle de Dieu. Comme par ailleurs « le temps est à chaque instant tout le temps passé-présent-futur, qu'il jaillit d'un point-médian et qu'il y est à tout instant égal à l'éternité »[4], comme l'homme, par conséquent, est cet être de mémoire et d'anticipation, sa liberté radicale est aussi liberté quant au maintenant de son existence présente singulière. Ces deux premiers éléments de la politique négative schellingienne (inversion-inachèvement + ontologie du temps ou : monde dépassable + liberté) signalent en fin de compte un *écart* qui serait comme le prégnant arrière-fond kantien de la pensée politique de Schelling, ce *Kluft* entre idée de Constitution et réalité pratique dont parlait déjà le *Système de l'idéalisme transcendantal* ou encore cette *Dysharmonie* de l'idéel et du réel évoqué dans la deuxième *Leçon académique*. L'écart est à présent formalisé dans l'équation de l'existant et du négatif[5] : nous sommes dans une négativité foncière, dans un état à rédimer, dans un présent dont il faut s'émanciper, dans un monde dont il faut sortir, ce qui emporte qu'on cesse de considérer comme éternelles « les déterminations de l'état présent des choses »[6]. La question qui ne peut alors manquer de se poser est évidemment de savoir quelles vont être les modalités, politiques pour le coup, de cette émancipation de l'existant. Elles ont peu à voir, comme on le sait, avec le bris révolutionnaire de l'état de choses réellement

1. *WA.*, p. 223.
2. Ainsi que le marque l'αἰών grec, cf. *S.W.*, XIII, p. 308.
3. *G.P.P.*, p. 87.
4. *WA.*, pp. 79-80.
5. Lettre à Weisse, 3/11/1834, in *Aus Schellings Leben. In Briefen,* éd. par G.L. Plitt, Leipzig, Hirzel, 1870, t. III, p. 98.
6. *G.P.P.*, p. 90.

existant. Il convient donc, à ce point, de dire un mot des positions politiques réactionnaires du vieux Schelling. Si elles sont sans nul doute du plus haut intérêt pour l'historien des idées ou le biographe, elles demeurent, prises pour elles-mêmes, dans une position de secondarité dans cet ensemble d'éléments de pensée du politique repérables et ordonnables dans la philosophie schellingienne. Ceci relève d'un effet structurel propre : Schelling assigne en effet le politique à un niveau d'entière subordination, en raison de l'impossibilité radicale à ses yeux pour l'État ou la communauté d'être *Selbstzweck,* à soi-même sa propre finalité. Lorsque cette subordination est pensée comme telle, on a les strates consistantes de cette politique négative dont les contours sont en quelque façon toujours à recirconscrire. Lorsqu'elle est tacite ou simplement exhibée, on a la problématique juxtaposition sans circulation du philosophique et de la δόξα politique. Parfois encore, lorsque Schelling s'essaie à construire une "philosophie politique" (ce qui est évidemment trop dire car elle n'est rien d'autre qu'une philosophie de la subordination du politique), on assiste à quelque chose qui ressemble fort à une implosion. Dans les trois dernières leçons de l'*Introduction philosophique à la philosophie de la mythologie* par exemple, et notamment dans la vingt-troisième *in fine,* il reprend à son compte le droit naturel objectif aristotélicien, il ontologise tout le champ du social, du socio-politique, il renvoie tout ce qui y est effectif à un intelligible qui l'antécèderait comme à sa mesure propre, il déduit la monarchie bien tempérée comme le régime ou l'État n'excèderait guère sa simple fonction utilitaire et non-autonome de *Grundlage,* de base matérielle servant à la fondation d'autre chose que lui. Or ce complexe de procédures philosophiques ne le conduit qu'à un mouvement conclusif de réserve ; il se ravise en effet et en revient au topos de l'inachèvement : « l'ordre actuel ... n'est que pour être sursumé »[1]. « L'État et tous les Empires de ce monde, écrit-il encore dans la *Philosophie de la mythologie,* ne sont que des échafaudages démontables et déplaçables à volonté, puisqu'il ne servent qu'à édifier autre chose qu'eux-mêmes. »[2] Même dans ces

1. *Die gegenwärtige Ordnung ... ist nur um aufgehoben zu werden, S.W.*, XI, p. 552.

2. *S.W.*, XII, p. 282.

textes donc, l'anti-étatisme schellingien, troisième élément pertinent de la politique négative, ne se dément guère. Il s'y grime toutefois d'assez étrange façon. Dans la vingt-quatrième leçon [1], Schelling évoque la curieuse figure d'une monarchie post-démocratique, ou post-républicaine, "consciente de soi" dit-il, laquelle succéderait à une première forme de monarchie naturelle ou primitive, dite "aconsciente", puis à la démocratie. Cette tératologique monarchie post-républicaine est l'enfant, évidemment inviable, de la δόξα et du penser. Schelling nomme en effet ce qui est son objet même, vu ou entrevu, à savoir l'au-delà absolu de l'État, du nom d'une forme institutionnelle qui a sa préférence politique. Sans doute peut-on voir dans cette inconséquence l'indice d'une insuffisante audace. Surtout, il faut y déceler les signaux concomitants de la résistante difficulté à penser l'au-delà du politique comme absence, comme ouverture d'indétermination, *et* la persistance têtue d'un anti-étatisme qui ne se renonce jamais, quitte à faire d'une forme d'État l'index de soi et de son autre. Appeler "monarchie" un supra ou extra-étatique, un non-État, ne suffit certes pas à en faire l'objet d'une philosophie politique au sens classique ni même à brider ce qui, dans sa radicalité, avait peut-être de quoi effrayer le vieux Schelling. On y discernera toutefois l'illustration d'une tension : dans ces mêmes pages sur lesquelles s'achève l'*Introduction Philosophique,* « l'effort de l'homme pour surmonter la pression de l'État » est réduit à un pur travail de l'intériorité en même temps que s'y trouve reconnue une tendance quasi-objective au renversement de l'ordre établi [2]. C'est bien qu'il y a une permanence et une vigueur de l'anti-étatisme schellingien que même la *deprecatio temporum* ne parvient pas à endiguer. De la *Magisterdissertation* de 1792 aux textes ici convoqués court l'idée que l'État est la conséquence de la Chute, de la perte de l'unité et de l'harmonie originaires – à cette différence, non négligeable politiquement, que le jeune Schelling croyait encore à la possible abolition de cette détresse par le développement des facultés rationnelles de l'homme qui le porterait au dépassement de la naturalité, alors que le philosophe de la mythologie ne voit là qu'une représentation bien naturelle et

1. *S.W.*, XI, pp.554 *sq.*
2. Cf. *S.W.*, p.558.

excusable, comme il dit, mais absolument illusoire. Puisque l'État ne peut être rien d'autre que l'expression incarnée d'une violence mécanique et aveugle du dehors sur le dedans que thématisent les *Conférences de Stuttgart,* puisque cette seconde unité naturelle, cette seconde nature, cette autre unité, ne sait agir que par les moyens physiques de la contrainte, la monarchie demeure, quoi qu'on en ait, une forme temporelle fragile et précaire à laquelle on peut, on doit même se soumettre (c'est d'une certaine façon, pour Schelling, le pire des régimes politiques à l'exception de tous les autres), mais à quoi on ne peut cependant se résigner tout à fait. L'anti-étatisme schellingien que nous avons abordé dans le rapport complexe qu'il entretient avec le monarchisme du philosophe, dans sa non-coïncidence métaphysique avec l'opinion privée, plutôt que dans les formulations plus tranchées et radicales que lui a données la philosophie médiane, est coextensif des deux autres éléments de la politique négative. L'État en effet fige ce monde-ci dans un pseudo-achèvement et suspend donc, ou prétend suspendre, le temps qui est le nôtre pour en faire un éternel présent étatique.

Nous pouvons désormais revenir à la question laissée jusqu'ici sans réponse des modalités de l'émancipation schellingienne. Cette émancipation du présent ou de l'existant ou du monde (trois termes ici équivalents) va prendre la forme d'une utopie négative qui anticiperait une origine encore à venir, apocatastase, *restitutio, tikkoun.* Elle ne peut être qualifiée de pseudo-émancipation, comme on a pu l'écrire, qu'à condition d'ignorer les vertus proprement subversives, ou en tout cas corrosives, de la politique négative et de s'en tenir à son auto-interprétation schellingienne comme « félicité de la contemplation » [1]. On dira à l'inverse de la politique négative de Schelling qu'elle est une pensée de ce que n'est pas la politique, de sa non-essence si l'on veut, ce qu'il ne faut pas prendre pour une non-pensée du politique mais véritablement comprendre comme une pensée du non-politique dans le politique. C'est ce "dans", cette réfraction

1. Lettre à Maximilien du 20/7/1848 in *Briefwechsel,* éd. par L. Trost et F. Leist, Stuttgart, Cotta, 1890, p. 158. Cf. en contre-point le puissant leitmotiv des *Âges*: *Wir leben nicht im Schauen,* vol. IV de la reproduction anastatique Schröter, p. 579.

interne de la détermination négative, qui produit le constant débord de la pensée schellingienne du politique sur son assignation pure et simple au champ de la politique.

Un autre aspect de la chose doit être examiné. La qualification de politique négative appelle bien entendu à une mise en rapport avec la philosophie négative, dont Schelling lui-même esquisse ici ou là les contours. Dans les leçons de Wurzbourg (1804) par exemple, c'est-à-dire durant cette brève période ou l'État reçoit une fondation transcendantale, deux oppositions sont comparativement determinées : l'une entre philosophie vivante ou philosophie proprement dite d'une part et science de la philosophie ou savoir coupé de la vie d'autre part ; l'autre entre État vivant et État formel. L'État formel représente le modèle général des États existants, lesquels ne sont rien que des « États de la contrainte et de la nécessité »[1]. L'État vivant, auquel ne correspond, prévient Schelling, « aucune image de l'État issue de l'expérience effective »[2], est une idée de l'État, un non-État formel en quelque sorte puisque l'État ne saurait tirer sa vie propre d'une idée. Les États comme « institutions de contrainte » ne « contiennent rien d'autre que les conditions purement négatives de l'État »[3], de l'État vivant s'entend, lequel détiendrait, « saisis dans leur essence même »[4], la science, la religion et l'art qui s'interpénétreraient en lui et s'y objectiveraient dans leur unité. Ce moment de l'analyse schellingienne de l'État fait bien apparaître, déjà, en quoi le politique est, dans sa réalité effective, du côté du négatif. Mieux encore, il en montre les contenus sous un fort grossissement. Sous bien des aspects, nous sommes assez loin en effet, avec les leçons de Wurzbourg, de cette figure de la pensée schellingienne que je propose d'appeler, en en ajustant les éléments, une politique négative. S'y trouve implicitement affirmée en particulier la possibilité d'une politique positive dans la forme d'un *Kulturstaat* opposé au *Notstaat* ou à l'État du contrat, d'une métaphysique en action – laquelle, précisons-le, ne saurait cependant concerner véritablement l'État (formel), puisque de l'État il ne peut y avoir

1. *S.W.*, VI, p.575.
2. *Ibid.*
3. *Ibid.*
4. *Ibid.* , p.576.

qu'une physique ; elle anticiperait significativement cette religion philosophique qu'est la vraie métaphysique selon l'*Introduction de Berlin* [1]. Nous assistons donc, dès Wurzbourg, à un basculement du politique en son entier (de l'État formel) dans le négatif. La place alors occupée par l'État vivant / non-État le sera ultérieurement par l'histoire ou encore la "société" de la vingt-troisième leçon de l'*Introduction philosophique*. Dans la dernière philosophie en effet, l'histoire sera haussée au rang de la facticité de l'expérience du monde, de son exister en tant que tel, de l'*effectivité* même, comme dira la *Philosophie de la Révélation*, par opposition à l'*effectif* où se tient le politique – l'effectif en tant que *ce qui* se produit dans l'expérience, ce qui, ici et maintenant, se donne pour l'étantité mais n'est que ce royaume du néant et de l'immanence privé de vrai devenir [2]. Cette distinction, essentielle chez le dernier Schelling, se dit de multiples manières : du côté de l'être ou du *quod*, l'histoire, donc ; du côté du contenu de l'être, du *quid*, la politique ; du côté de l'ésotérique, la religion, véritable forme d'effectivité de l'État vivant de 1804, seule « philosophie de l'histoire effective » [3] ; du côté de l'exotérique de cet ésotérique, l'État. Toutes ces formulations désignent dans son apérité l'au-delà absolu de l'État. La politique négative renvoie l'État à son lieu distinct dans le domaine réservé de la philosophie négative[4] et, dans cette structure formelle, l'État est au mieux (car on a là la tournure la moins radicale de l'anti-étatisme schellingien) orienté vers la possibilisation de ce qui le déborde et l'outrepasse : support d'une vie supérieure, base du positif, ensemble des conditions qui ouvrent à ce qui lui échappe, soit à l'exercice d'une liberté comme acte d'auto-affirmation transcendante par rapport au donné et d'intériorisation de l'extériorité. Toute pratique politique pourra être dite émancipatrice, dès lors qu'elle tend à s'opposer à la domination du dehors sur le dedans et, à contre-courant, à faire advenir de l'intérieur là où règne l'extérieur.

1. *Philosophie de la Révélation*, Livre I, trad. ss. la dir. de J.-F. Courtine et J.-F. Marquet, Paris, P.U.F., 1989, p. 45.
2. *Ibid.*, p. 81 et p. 155.
3. *S.W.*, XI, p. 568.
4. Ce qu'explicite *S.W.*, p. 551, note 2.

Définie à partir des trois éléments qui s'y conjoignent (inversion-inachèvement du monde, ontologie du temps, anti-étatisme), la politique négative schellingienne frappe donc d'impossibilité toute postulation d'une quelconque autonomie, et a fortiori toute absolutisation du politique. Elle tient dans ce déni : toute pratique de la politique réduite à une projection rationnelle apte à prédéterminer l'ordre du monde, débouche, Schelling l'affirme avec insistance, sur la dépendance et la servitude, ruse inattendue d'une raison politique qui se donne comme idéal à réaliser. Il y a là l'esquisse en creux d'une théorie du politique dans sa déficience. L'État comme pseudo-figure du divin, comme produit de la chute et de la déchéance, manque toujours du plein qu'il croit instituer. Il comble ici ce qui fait brèche là : toujours quelque chose lui fait défaut, soit la *Krafteinheit,* l'unité et la puissance qui assureraient son efficience (vice de l'État constitutionnel), soit la liberté spirituelle qui le sublimerait (vice de l'État despotique).

Nous voudrions essayer, pour finir, de porter le regard sur la destinée historique et idéologique de la politique négative schellingienne, ses éventuelles traces au travers de l'épreuve du temps et de la confrontation avec d'autres pensées. Car il se trouve qu'elle a eu une postérité, parfois avouée et souvent insue, autour de ses thématiques négatives, de ses refus : du présent et de son hypostase comme le meilleur des temps possibles, du maintien du monde dans les maintenants qui le figent, de l'État comme figure de la liberté objective dans quoi la volonté se veut en soi et pour soi (μίμησις de l'éternité, idole ou Dieu réel), du progrès comme élément ou milieu homogène et échelle de mesure des segments successifs d'un temps cumulatif ... Ces thèmes et ces refus ont été reçus et fortement réélaborés par toute une série de penseurs (Hess, Rosenzweig, Landauer, Bloch, Benjamin, un certain Adorno) qui ne furent pas précisément des conservateurs mais pas davantage des “progressistes”, au sens strict et littéral de ce terme. La singularité de cette filiation et le paradoxe de cette descendance peuvent s'éclairer en bonne part par le débat qui opposa, à propos de Schelling, Pierre Leroux et les jeunes-hégéliens allemands et en particulier par l'opiniâtreté mise par Leroux à saluer dans le vieux Schelling le grand esprit annonçant la venue d'une nouvelle religion de l'humanité, contre ses adversaires progressistes et hégéliens plutôt enclins à y voir un idéologue rétrograde et pro-prussien[1]. Nous ne nous arrêterons pas ici sur les fort nombreuses approximations de lecture, et sur Schelling et sur Hegel, dont se rend coupable Leroux. L'intéressant de sa position (dans quoi se laisse d'ailleurs déceler un des sens repérables de la doctrine de l'association), c'est la volonté, mieux affirmée dans la *Réfutation de l'éclectisme* que dans son texte sur le *Discours de Schelling à Berlin,* de maintenir ouvert le projet d'émancipation sociale en ne le soumettant jamais à l'unitotalité du politique. Leroux est en quête d'un principe du politique qui préserverait dans le lien humain la capacité de constante réinventions des formes étatiques et institutionnelles dans lesquelles il prend figure, au lieu de le subsumer sous l'ensemble de ses déterminations. Là où, dans d'autres courants du mouvement socialiste, le politique se donne tendanciellement comme la solution enfin trouvée à l'énigme de la constitution de l'humain, le moyen de l'abolir en la dénouant par le social, il pressent qu'il y a dans le politique lui-même quelque chose qui est toujours-déjà au-delà du politique, précisément la question de l'humain dans l'homme. Avec une très sûre intuition, Leroux croit pouvoir trouver chez Schelling une pensée capable de dire spéculativement cet au-delà du politique, l'indéterminité qui est à son fondement et qu'il s'efforce, lui, de maintenir comme telle dans la dimension de l'émancipation elle-même. Il y a, par-delà toute présence à la communauté politique ou sociale, une absence – qu'elle relève de l'expérience vécue de la limitation du moi empirique thématisée par Schelling dès ses premiers textes ou, plus profondément, qu'elle soit identifiable dans la conscience originaire que « le procès de toute vie » se soutient d'un fond de déréliction, comme l'indiquent les *Âges du Monde*[2]. Cette absence dans la présence serait alors la trace, le mouvement effacé d'une altérité irréductible qu'on appellera, comme on voudra, Dieu, infini du sens ou excès utopique. Mallarmé nomme cette trouée « l'instinct de ciel en chacun » dans quoi il voit, de façon tout à fait admirable, « le niveau élémentaire de la politique » et dans la religion son « am-

1. La controverse a fait l'objet d'une excellente présentation de M. Abensour, "L'affaire Schelling..." in *Corpus,* n° 18/19, 1991, pp. 117-142.
2. *WA.*, p. 102.

plification à mille joies »[1]. C'est très précisément là, dans ce nœud du politique et du religieux, qu'est au mieux localisable la séduction exercée sur Leroux par la pensée schellingienne. Le métapolitique signifie que le politique se rejoue à tout coup dans le religieux, que l'État se réincarne dans la communauté – mais dans une communauté non-politique, non pas au sens où en elle s'attesterait un quelconque retrait du politique, mais en cela qu'elle saurait impossible la résorption de l'insondabilité qui la fonde dans la machinerie étatique ou dans le rêve de la transparence sociale. En fin de compte, la politique négative schellingienne désigne sûrement l'impossibilité radicale de l'immanentisme absolu dans l'espace politique. Elle dit la double reconnaissance, pour parler comme Leroux[2], de la « Révélation comme un fait divin » et de « l'humanité dans l'accomplissement de ce fait ». En relevant à sa façon ce creusement du religieux dans le politique, l'anti-immanentisme schellingien ne les confond nullement. Bien au contraire, c'est la tendance à l'enracinement du politique dans la transcendance qui produit l'abusif amalgame des deux : l'État pris pour un Dieu, le présent pour une idole, voila ce qui mène incoerciblement au "servilisme" et à "l'illibéralisme", comme dit Schelling en visant la *Philosophie du Droit* hégélienne[3].

Au total, se rassemblent dans la pensée schellingienne, fort difficultueusement parfois, le refus de voir dans quelque institution politique, humaine, que ce soit une manifestation de l'Absolu *et* le désir d'en saisir cependant les contenus ontologiques ; l'expérience de la liberté *et* l'épreuve de la finitude. La nostalgie de l'infini, "l'instinct de ciel" qui marquent si fortement le mode de philosopher de Schelling, s'ils l'ont engagé sur un "chemin solitaire" non dénué de grandeur, ont aussi libéré un horizon de pensée en avant du politique.

1. *La musique et les lettres, Œuvres Complètes,* Paris, Gallimard ("La Pléiade"), 1989, p. 654.

2. *Discours de Schelling à Berlin,* éd. par J.-F. Courtine, Paris, Vrin, 1982, p. 83.

3. *G.P.P.,* p. 235.

Peut-être y a-t-il là, contre ou hors Schelling, l'ouverture à une possible pratique de la politique, avertie de ce qui l'excède et la porte et de la béance indéfiniment incomblable de cet excès.

Gérard BENSUSSAN
(Université d'Aix-Marseille)

L'UNICITÉ DE DIEU SELON SCHELLING

Schleiermacher écrit dans sa dogmatique que l'unité (par laquelle il entend l'unicité) n'est pas déductible de la notion même de Dieu. Ce n'est pas la propriété de notre main d'être deux mais c'est la propriété de l'homme d'avoir deux mains. De même, ce n'est pas la propriété de Dieu de n'être qu'un, mais du monde de n'être dominé que par un seul Dieu [1]. Schelling renvoie à ce paragraphe de Schleiermacher (12. 22 et 25) mais sa doctrine à lui est différente : pour lui l'unicité est à comprendre à partir de l'être lui-même qui est unique, c'est de la notion même de Dieu qu'il découle son unicité.

Schelling traite de l'unicité de Dieu dans ses *Leçons sur le Monothéisme* [2]. Monothéiste est celui qui confesse un seul Dieu, un seul vrai Dieu et aucun autre hors de Lui. Or il ne faut pas que cette confession soit un simple constat, elle doit résulter d'une déduction. Autrement dit, il ne suffit pas de prouver qu'il n'existe pas un autre dieu que Dieu mais qu'il ne *peut* en exister qu'un seul. Et cette démonstration doit être conduite en partant d'une analyse immanente de la notion de Dieu. Or cette unicité immanente ne se limite pas à Dieu mais possède une extension métaphysique générale. L'unicité peut être conçue comme une incomparabilité, une irremplaçabilité, or l'irremplaçabilité revient dans un certain sens à l'individualité et depuis Suarez on parle d'un

1. SCHLEIERMACHER : *Der Christliche Glaube,* § 56, 2.

2. *S.W.*, XII, pp. 1-131. Nous citons SCHELLING selon *Friedrich Wilhelm Joseph von Schelling's sämmtliche Werke,* éd. K.F.A. Schelling, Augsburg und München, Cotta, 1856 ff. Cf. *Le Monothéisme,* Introd. par X. Tilliette, trad. par A. Pernet, Paris, Vrin, 1992.

principe intrinsèque d'individuation[1]. La thèse de notre exposé c'est que la doctrine de l'unicité de l'individu a trois grands moments dans l'histoire de la métaphysique occidentale. À savoir, les monades de Leibniz qui – en vertu du principe des indiscernables – ne sont jamais différentes l'une de l'autre seulement numériquement. Ensuite, la créature rationnelle chez Kant qui, à cause de sa vocation morale, ne doit jamais être conçue comme un moyen mais toujours comme une fin. Et finalement, le Dieu de Schelling qui est unique en vertu même de sa divinité. Pour Leibniz toute substance véritable est radicalement différente, par conséquent unique. Pour Kant seuls les êtres rationnels, mais chacun d'eux, sont incomparables donc uniques. Par contre, pour Schelling l'unicité et l'unité coïncident : il n'y a qu'un seul être absolument unique, à savoir Dieu.

Dans la philosophie antique et médiévale l'individu a eu mauvaise presse. Sans doute, Roger Bacon parle de « la dignité de l'individu »[2] et Nicolas de Cuse va jusqu'à écrire : « chacun se réjouit de son unicité »[3] mais l'individualité ne recevra pas sa véritable consécration logico-métaphysique avant Leibniz. Leibniz formule le principe des indiscernables : « Il faut que chaque Monade soit différente de chaque autre. Car il n'y a jamais dans la nature, deux Êtres, qui soient parfaitement l'un comme l'autre et où il ne soit possible de trouver une différence interne, ou fondée sur une détermination intrinsèque »[4]. Le principe des indiscernables signifie que la différence entre deux individus est toujours plus que simplement numérique[5], c'est-à-dire qu'elle n'est pas seulement quantitative. L'énoncé a d'importantes conséquences pour toute la spéculation leibnizienne : il fonde la loi de la continuité, il illustre le principe de la raison suffisante et celui des petites perceptions imperceptibles. Or si ce principe est le fondement de bien d'autres, il n'est pas un simple axiome mais se trouve, à son tour, impliqué par quelque chose de plus profond et

1. SUAREZ : *Disput. Met.* V, sect. 6, n. 2.

2. R. BACON : *Opera inedita,* éd. R. Steele, Oxford, 2, 6.

3. N. de CUSE : *Ven. Sap.*, 22.

4. LEIBNIZ : *Monadologie,* § 9.

5. *Id.*, *Nouveaux Essais sur l'Entendement Humain.* Préface. *Die philosophischen Schriften* (Bernhardt) 5.50 f.

de plus élémentaire, à savoir la conception leibnizienne du sujet et du prédicat. Dans la logique aristotélicienne un sujet peut recevoir différents prédicats et surtout, ces prédicats pouvant être affirmés de plusieurs sujets différents, le lien entre le sujet et le prédicat n'est que contingent. En revanche, chez Leibniz ce lien devient nécessaire. Les prédicats d'un sujet ne s'y rapportent pas d'une manière contingente et accidentelle mais ils en relèvent *a priori*. La notion complète d'un sujet contient tous ses prédicats : les prédicats ne peuvent pas ne pas lui être attribués et ils ne peuvent être attribués qu'à lui. C'est cette revalorisation du lien entre le sujet et ses prédicats qui permet la fondation de l'individualité véritable de chaque monade. Ce qui fait l'individu – comme le disait Porphyre – c'est une configuration telle des propriétés qu'on ne la retrouve chez aucun autre [1]. Or, chez Leibniz cette définition n'atteste pas un fait mais énonce une vérité *a priori*. Si chaque monade est différente de chaque autre, c'est que la configuration unique des propriétés qu'elle représente n'est pas le résultat d'un heureux hasard ou généralement parlant, d'un arrangement extérieur mais qu'elle exprime un principe immanent. L'unicité de la monade ne signifie pas seulement la distinction, c'est-à-dire la séparation selon le contenu d'avec tout autre mais la condition d'être uni à soi-même. Si on ne sait trouver pour une monade une autre qui lui soit semblable, c'est qu'elle traduit une organisation absolument immanente de son propre être.

Leibniz croit pouvoir retrouver l'unicité irremplaçable de chaque substance, par conséquent, il considère cette unicité comme une catégorie métaphysique générale. Par contre, Kant confine l'incomparable dans le domaine moral. Il refuse – depuis la *Nova Dilucidatio* – le principe des indiscernables [2] mais il semble en rendre sienne la logique. Il veut établir la valeur incomparable de chaque être rationnel et pour cela, il aura recours à des considérations immanentes. Selon sa formulation la plus célèbre, l'Impératif Catégorique nous dit de ne jamais traiter l'humanité dans notre personne ni dans celle du prochain comme un moyen mais toujours comme une fin. Tous les êtres rationnels

1. PORPHYRE : *Isagogue*, 7, 21-23.

2. KANT: *Nova Dilucidatio*. *Werke* I, 409. Dans ce qui suit les chiffres romains renvoient aux volumes de l'*Akademie Ausgabe*.

sont des fins en soi et comme tels, ils possèdent « une valeur absolue »[1]. Il se trouve dans le monde deux catégories d'êtres : des choses et des personnes. Les premières ont du prix, les secondes de la dignité. Avoir un prix signifie pouvoir être échangé pour quelque chose d'autre, c'est-à-dire être subordonné à une fin supérieure, par contre la dignité d'une personne en fait une valeur inédite, incomparable[2]. La personne est une fin qui ne saurait être remplacée par une autre fin[3]. Mais qu'est-ce qui fonde la valeur inconditionnelle de la personne, qu'est-ce qui l'érige en une fin ultime *(Endzweck),* en une fin en soi ?

La créature rationnelle est une fin ultime car elle seule peut former l'idée d'une valeur[4], se représenter des fins[5]. Ou plus généralement : le fondement de cette dignité qui nous rend des fins en soi est « la destination totale de l'homme »[6], sa vocation morale. Or ces définitions bien connues ne doivent pas nous induire en erreur. Si la valeur absolue de la créature rationnelle consiste dans son aptitude à donner des fins pour son propre vouloir et dans son pouvoir de vouloir et d'agir pour ces fins par le seul respect de la loi morale, cela fonde sa dignité *morale,* mais n'est pas encore, comme tel, la raison *métaphysique* de sa condition incomparable. Plus exactement : il faudrait discerner les conditions proprement métaphysiques de la dignité humaine. Si en tant qu'être rationnel et moral, l'homme a une « valeur intérieure » et intrinsèque[7], c'est qu'à l'image de la monade leibnizienne, il est constitué comme une synthèse intrinsèque. Se donner une fin signifie ne pas la recevoir du dehors, c'est-à-dire ne pas être soumis à l'arbitraire d'une attribution contingente susceptible de nous assigner des fins qui seraient les fins d'autres personnes et surtout qui pourraient ne pas nous convenir. Quant à l'autonomie, elle traduit, elle aussi, une synthèse immanente : la créature rationnelle puise le principe de son vouloir à partir

1. *Id., Grundlegung zur Metaphysik der Sitten,* IV, p. 439.
2. *Ibid.*, IV, p. 436.
3. *Ibid.*, IV, p. 428.
4. *Id., Kritik der Urteilskraft,* V, p. 449.
5. *Ibid.*, V, p. 426 ff.
6. *Id., Kritik der reinen Vernunft,* B, p. 868.
7. *Id., Grundlegung zur Metaphysik der Sitten,* IV, p. 435.

d'elle-même et c'est également à partir d'elle-même qu'elle dispose du pouvoir d'agir selon ce principe qui est la liberté.

Comme chez Leibniz, ici aussi l'incomparabilité de l'individu se fonde sur la synthèse originaire qui la constitue mais Kant approfondit la signification de cette originalité immanente. Chez Leibniz l'unicité apparaît sous la figure de la discernabilité radicale et complète sur tous les plans, de la différence *matérielle* avec tous les autres êtres. Chez Kant la visée de la théorie est essentiellement la non-échangeabilité. *La Critique* pourrait à la rigueur admettre que deux créatures rationnelles aient la même structure physique, la même constitution générale, voire que par impossible, elles pourraient occuper le même lieu dans l'espace et le même moment dans le temps. Rien n'interdit une similarité, ou même une véritable identité phénoménale aux choses en soi kantiennes. Plus que chez Leibniz, ce qui fait l'unicité d'un être pour Kant ce n'est pas sa différence par rapport aux autres mais son unité avec soi-même.

La doctrine de l'unicité atteint un nouveau sommet avec Schelling. Schelling croit avoir développé une interprétation authentiquement philosophique de l'enseignement biblique du Dieu unique et en même temps il présente une version approfondie de la métaphysique de l'unicité. Schelling dit que Dieu est unique, non seulement *de facto,* c'est-à-dire parce qu'il n'y a pas d'autre Dieu mais aussi *de jure,* à savoir pour des considérations immanentes. Et d'autre part, Dieu n'est pas unique en vertu de son être mais en vertu de sa *divinité*. Sans doute, l'être en tant qu'être, l'être comme tel est bien l'être de Dieu et seulement *son* être mais ce n'est pas pour cela que Dieu est unique. Si Dieu était unique en vertu du caractère omni-inclusif de son être, s'il était unique par ce qu'il ne peut pas y avoir d'autres êtres hors de Dieu, il ne serait pas alors unique en vertu de lui-même. Or l'unicité de Dieu ne doit pas être seulement *ad extra* mais aussi et surtout *ad intra.* L'unicité de Dieu doit provenir de sa divinité. Dieu ne doit pas être l'unique existant mais l'unique Dieu.

Les dogmaticiens se complaisent à invoquer le langage de l'Écriture : Dieu est le seul vrai Dieu et il n'y en a aucun autre. Le contexte originel de ces affirmations est le monde polythéiste : tout cet univers de divinités, d'esprits et d'idôles qui traversent et envahissent la conscience d'Israël. Et Schelling aura recours à ce langage pour dramatiser ses affirmations, pour mettre l'emphase sur l'unicité *ad intra* de Dieu. L'unicité de Dieu ne signifie pas qu'il n'y a aucun autre dieu : il y a d'autres dieux, des faux dieux, des dieux qui ne sont pas divins au même titre que Dieu. Ce qui importe, c'est que cette pluralité, cette multiplicité trouble ne porte aucune atteinte à l'unicité de Dieu.

Même dans sa philosophie de l'identité Schelling a voulu insister sur la réalité du particulier : il revendique avoir été le premier à annoncer la divinité du particulier (7. 143). Et avec la doctrine du fondement, le *Grund,* il établit toute une philosophie de la personne, divine et humaine. Or la particularité et la personnalité, si elles sont des jalons précieux du chemin qui y conduisent n'énoncent pas encore l'unicité. Quant à l'unité – en accord avec les scolastiques médiévales et protestantes – Schelling ne la traite pas d'un point de vue numérique et comme une propriété. L'unité n'est pas une simple catégorie arithmétique qui pourrait être prédiquée d'une réalité comme une couleur ou comme une disposition psychologique. L'unité est pour Schelling – pour se servir d'un terme kantien – *qualitative* [1]. Elle est affaire d'une synthèse *a priori,* immanente, et, de ce fait, elle prépare l'unicité. Il reste toutefois, une immense différence. Si l'unité non-propriétaire, qualitative rend compte de la cohérence d'un être et de sa continuité, l'unicité fait appel à une autre synthèse qui ne fonde pas seulement la cohérence et la continuité d'un être mais aussi son incomparabilité avec tout autre.

Schelling veut surtout empêcher qu'on confonde l'unicité de l'être avec celle de Dieu. L'affirmation de l'unicité de l'être ou de la substance n'est encore que le côté négatif du monothéisme. Elle rappelle l'unicité de Dieu mais elle ne la comprend pas encore comme son unicité propre. C'est une théorie qui énonce trop et de ce fait, elle n'énonce pas assez. La démonstration de l'unicité divine comme unicité absolue prouve plus qu'il ne le faudrait : elle ne dit pas simplement qu'en dehors de Dieu il n'y a aucun autre Dieu mais qu'il n'y a rien du tout en dehors de lui. Dans ce cas-là, cependant, on arrive à démontrer que Dieu est *unique* mais

1. *Id.*, *Kritik der reinen Vernunft,* B, 114.

on perd de vue qu'il est *Dieu.* Dieu est celui qui n'a pas son pareil mais tout ce qui est, est être, donc si Dieu ne doit pas avoir son pareil, ce n'est pas l'Être en général mais l'Être lui-même dans le sens total du terme qui seul pourrait se prédiquer de Lui. Toutefois – comme le dit Schelling – l'être lui-même n'est que « le concept préalable », la simple présupposition de la divinité. Il serait absurde de dire que Dieu est l'Unique en tant qu'il est l'Être, alors rien d'autre ne peut être en dehors de Dieu. Qui plus est, on n'aurait affaire dans ce cas-là qu'à une unicité nécessaire, or – vu la liberté de Dieu, Seigneur de l'Être – son unicité ne doit pas être seulement nécessaire mais aussi « de fait » ... Dire que Dieu est un et unique par le fait d'être l'Être lui-même reviendrait à affirmer que son unicité ne provient pas de sa divinité mais de ce qu'il est, pour ainsi dire, en et avant lui-même, c'est-à-dire de ce qu'il est *avant* sa divinité. L'unicité proviendrait alors de la base qui précède et fonde la divinité et alors, au lieu d'adorer le Dieu unique, on rendrait plutôt hommage à l'unique en général. Sans doute, on pourrait réaffirmer : qu'il n'y a pas d'autre Dieu en dehors de Dieu mais cette affirmation serait énoncée en vertu de la position que rien n'existe en dehors de Dieu. Dieu étant l'Être lui-même, il ne resterait pas de possibilité d'être pour d'autres êtres que Dieu. Or ce serait une rechute dans le spinozisme.

Schelling veut éviter l'écueil spinoziste et restituer à l'unicité de Dieu toute sa richesse philosophique en la fondant à partir des considérations immanentes. À savoir, à partir de la notion de Dieu comme Dieu. Il récuse les preuves de l'unicité divine à partir de l'être de Dieu comme une démonstration matérielle et non pas formelle. Déjà chez Leibniz, si les monades sont différentes selon leur contenu matériel, le moment essentiel, la clef de cette différence est l'organisation unique de ces contenus qui, elle, est l'œuvre du sujet qu'est la monade individuelle. Autant dire que le matériel est subsumé ou sursumé sous le formel. Quant au Dieu de Schelling, son unicité est de nature strictement formelle. Elle n'est pas fonction de l'être de Dieu qui est pour ainsi dire la matière de la divinité et qui ne lui est pas propre. Dieu comme tous les autres êtres a de l'être, c'est leur condition commune. Sans doute, Dieu a un autre être que les autres êtres ou plutôt, il a autrement son être que les autres et précisément, c'est cet « avoir son être autrement » qui est ce qui relève des considérations formelles, à savoir de la manière dont Dieu possède ou plutôt est son être. Contrairement aux autres êtres, Dieu est aséité : il tient son être de Lui-même. Or l'aséité n'indique pas seulement l'origine spécifique de l'être de Dieu, son origine en et à partir de Lui-même mais aussi et surtout la manière spécifique selon laquelle Il le possède. Ce qui "rend" Dieu unique, c'est la manière unique dont Il est son être. L'unicité n'est pas seulement un prédicat. Il ne suffit pas de dire : Dieu est unique. Comme l'unité ne s'ajoute pas à l'essence, l'unicité ne se prédique pas de Dieu. Si l'unique était un prédicat, alors il ne resterait au sujet de l'énoncé que le concept indéterminé et universel de Dieu. L'unicité n'est pas quelque chose qu'on pourrait affirmer, entre autres choses, de Dieu mais elle découle de son essence. Non pas dans le sens traditionnel logico-métaphysique de l'*essentia* distincte de l'*existentia* mais de Dieu *in actu.* Si on peut se servir du terme *synthèse* à propos de la divinité : l'unicité est fonction de la synthèse propre qu'est Dieu, de la synthèse par laquelle il est le Seigneur de tout être, y compris le sien propre.

Le nœud spéculatif de la problématique c'est qu'une relation classique existence-essence conduit vers une unicité générale tandis que Schelling voudrait exposer l'unicité de Dieu en tant que Dieu. Et ce Dieu n'est pas Dieu en général, *Gott überhaupt* mais le Dieu déterminé ; non pas seulement Dieu selon la possibilité mais le Dieu *in actu*. Toute la construction de l'idée de Dieu dans la *Spätphilosophie* tourne autour de cette relation entièrement inédite entre l'actualité et la potentialité en Lui ou plutôt entre Dieu et son être. Quand il récuse l'utilisation de l'« unique » comme prédicat, Schelling remarque qu'en prononçant le vocable "Dieu", chacun de nous « pense avec » l'unicité et plus loin, il rappelle les expressions vétérotestamentaires, l'insistance du prophète Zacharie sur Yahvéh unique et sur son nom unique (12. 47-48et n. 1). L'Écriture insiste sur la sainteté incomparable du Nom unique et Schelling veut que Dieu comme tel soit unique. Plus exactement : Dieu n'est pas unique mais l'Unique (12. 64). Il y a une coïncidence parfaite entre l'unicité et la divinité. Les faux dieux peuvent bien exister en marge du vrai Dieu mais le vrai Dieu, c'est l'Unique, l'unicité découle de la divinité.

Schelling expose cette thèse par une spéculation concernant la relation entre Dieu et son être. Dans un premier moment, je présenterai un échantillon de cette spéculation où le philosophe veut prouver l'unicité de Dieu à partir des preuves conjuguées d'une unicité selon la possibilité et d'une unicité selon l'actualité. Et dans un second moment, j'exposerai les développements schellingiens sur la relation de Dieu à son propre être qui permettra la déduction de son unicité.

La première réflexion se trouve dans un manuscrit plus ancien que K. F. A. Schelling a ajouté dans son édition à l'avant-dernière leçon sur *Le Monothéisme* (12. 101 n. 1). Schelling distingue ici le Dieu actuel du Dieu essentiel, du Dieu selon la substance qui est l'être absolu. Il est superflu – remarque-t-il – d'affirmer de cet être tout-exclusif l'unicité : il est tout l'être et ne laisse de place pour aucun autre être. Par contre, le Dieu existant *in actu* est unique mais il l'est autrement que l'être absolu. Ce qui existe effectivement ne peut être unique que selon l'actualité, Il est quasiment à représenter comme numériquement unique. Toutefois, si dans les choses qui peuvent être numériquement multiples, il se trouve à la base quelque chose indéfiniment réitérable, l'être absolu qui est « le fondement » de Dieu actuel, du Dieu unique *in actu,* est ce qui de par sa nature ne peut pas être démultiplié car il est l'être absolu, omni-inclusif. Donc cette substance, cette essence, ce fondement ne peut être qu'unique.

À partir de ce moment, on peut tirer des conclusions : le Dieu unique l'est à deux titres. En tant qu'actualité et en tant que possibilité. En tant qu'actualité Dieu est effectivement unique, unique selon l'actualité mais non pas unique nécessairement, selon l'essence. Par contre, selon son être, cet être exclusif, qui est à sa base, Dieu est unique également selon la possibilité. Et Schelling de conclure : « le vrai sens de l'énoncé sur l'unique c'est que celui qui est l'unique *actu* ou l'unique existant est en même temps l'unique existant possible » (12. 101 n.). Par conséquent, coïncidence parfaite de l'unicité selon l'existence et l'unicité selon l'essence.

Au delà de cette déduction de l'unicité, par trop spéculative et artificielle, se trouve une constante méditation sur la relation spéciale de Dieu à son être ou à l'être tout court. Schelling est le philosophe de la liberté divine or celle-ci n'est pas à concevoir seulement par rapport au monde mais aussi par rapport à Dieu lui-même. Dans la philosophie positive Dieu est le Seigneur de l'être. Celui qui avait appelé l'être à exister mais qui aurait bien pu ne pas l'avoir appelé et qui conserve cette souveraineté à son égard. Le plus souvent on comprend cette Seigneurie de Dieu comme la liberté de créer ou de ne pas créer le monde. Toutefois, si cette liberté est un moment essentiel de la liberté divine, en elle-même, elle ne l'épuise pas encore. Il ne s'agit pas seulement d'une relation par rapport au monde mais aussi à son propre être. Plus exactement : en opposition aux philosophes-théologiens de la chrétienté médiévale ou baroque, pour Schelling la création n'est pas un acte extérieur mais un processus, un événement qui se rapporte également à l'être de Dieu lui-même.

Dès les *Weltalter* Schelling déclare que « l'Éternel n'est qu'en vertu de sa volonté ... » [1] et la *Spätphilosophie* prodigue des textes sur Dieu qui peut être ou ne pas être, qui peut suspendre son être, qui est au delà de tout être. Or la fondation conceptuelle de ces énoncés provient de l'extraordinaire *Andere Deduktion.* Dieu n'est le monde, son être n'est pas l'être mondain mais dans un sens très profond tout relève de Dieu donc même l'être de Dieu qui n'est pas le sien propre. Dieu est tout de par son essence et si le monde advient, c'est que dans un certain sens Dieu cesse d'être tout. Si le monde n'est pas, c'est l'être de Dieu qui est, c'est-à-dire actuel. Si le monde est, c'est que Dieu suspend son propre être, le renvoie dans la potentialité et appelle l'être mondain à l'actualité. Cette relation où quand l'un est, l'autre ne peut pas être, c'est-à-dire doit entrer dans la potentialité, est une opposition mais *pour Dieu* cette opposition n'est pas de l'exclusion. Si Dieu n'avait du pouvoir (-être) que pour son propre être, rien ne pourrait l'empêcher d'y passer et de s'y enfermer, par conséquent, il ne serait pas libre. Or Dieu doit pouvoir opter pour l'un sans pour autant exclure l'autre. Optant pour le monde et de ce fait posant son propre être comme simple puissance Dieu pose l'être du monde en acte. Dieu n'est alors ni l'un, ni l'autre en particulier. L'unicité divine consiste dans le fait d'être le Dieu-Un, tout en étant l'un ou

1. *Die Weltalter : Fragmente. Werke. Nachlassband,* éd. H. Fuhrmans, München, 1946, p. 25.

l'autre des deux autres, ou plus exactement, tout en étant l'un actuellement et l'autre potentiellement. Et ce n'est possible qu'en vertu de l'indissolubilité propre de Dieu qui est le nerf même de son unicité [1].

La liberté de Dieu signifie cette relation spécifique de Dieu à son être qui lui permet d'assumer une position ou son contraire, voire, dans un certain sens, une position *et* son contraire. On peut dire : Dieu est selon sa volonté en puissance ou en acte mais il est peut-être plus exact et plus signifiant d'affirmer que tout en étant en acte, Dieu demeure en puissance. Cette intuition philosophique est développée par la doctrine des *Potenzen* dont chacune assume successivement le visage de Dieu sans pour autant que Dieu cesse d'être dans un sens très réel les deux autres *Potenzen* qu'il ne manifeste pas actuellement. Schelling lutte contre toute fixation : dès Wurzbourg il disait que Dieu est « potenzlos » (6. 158), c'est-à-dire se trouve au-delà de ses puissances, et dans les leçons sur le *Monothéisme,* il explique que si Dieu peut être chacune de ses propres puissances, c'est qu'il est au delà d'elles. Dieu est au delà des *Potenzen* tout en les étant (cf. 12. 89) ou plutôt, il est en elles, sans les être (12. 94). Comme le dit l'*Introduction* de Berlin : il est dans chacune de ses figures un autre mais non pas un autre Dieu (13. 281).

Cette extension de la notion de Dieu à ce qu'Il n'est pas authentiquement, au sens strict, contribue à fonder la doctrine de l'unicité divine [2]. Sous condition toutefois qu'on considère cet élargissement de la divinité dans un sens formel, et non pas matériel. Dans le cas présent, cela revient à distinguer *l'unitotalité* et *l'indissolubilité* divines. En prononçant le mot “Dieu”, on « pense avec » ce mot l'unicité. Mais on conçoit aussi sous ce vocable la totalité. Dieu est l'être qui n'exclut rien, qui *natura sua* contient, embrasse tout. Conçu comme effectif, *in actu* Dieu ne peut être qu'unitotalité (12. 80) : il est unitotal de par sa nature

1. Pour tout cela voir surtout *Andere Deduktion der Prinzipien der positiven Philosophie, S.W.*, XIV, p. 329 *sq.* Cf. L'admirable commentaire de X. TILLIETTE : *Schelling : Une philosophie en Devenir,* II. Paris, Vrin, 1970, p. 359 *sq.*

2. Pour la doctrine des *Potenzen* voir notre *Le Fondement selon Schelling,* Paris, Beauchesne, 1977, p. 323 *sq.*

(12. 60). Or cette totalité matérielle et effective est profondément qualifiée ou plutôt rectifiée par une considération formelle. Dieu n'est pas Dieu Lui-même comme la somme matérielle de tous les êtres, ce serait la rechute dans la substance de Spinoza. Il est seulement « le lien indissoluble » de tous ces êtres. Le lien indissoluble n'est pas l'addition des parties homogènes mais l'unification des différents. Selon l'*Introduction* de Berlin Dieu est l'unité supramatérielle, indéchirable qui l'empêche d'être l'une de ses figures sans qu'il soit aussi les autres (13. 264). L'unicité conçue comme le lien indissoluble fait que les différents peuvent être réunis dans le même, que Dieu peut être l'être du monde et ne pas l'être, qu'il peut être ou ne pas être son propre être.

L'indissolubilité affranchit Dieu de toute relation exclusive à l'actualité ou à la potentialité, à l'un ou à l'autre et lui permet d'être en même temps son propre être et le contraire de cet être. C'est ce lien indissoluble, absolument spécifique qui n'est propre qu'à Dieu, qui est l'unique où l'un et l'autre, l'actualité et la potentialité peuvent être réunis. C'est cette unique relation qui fait que Dieu peut être appelé *securus sui* : celui qui est sûr de soi, certain de son être, celui qui possède « le pouvoir de devenir dissemblable à soi-même » (12. 41), sans pour autant compromettre l'identité de son propre être. La souveraineté de Dieu est sa sécurité : son identité n'est pas seulement inaffectée par les changements qui peuvent intervenir dans d'autres êtres, Il n'est même pas affecté par les vicissitudes de son propre être. C'est en tant qu'absolument à l'abri de toute atteinte à son identité, c'est en tant que *securus sui* que Dieu est unique. C'est cette souveraineté-sécurité qui fait "virer" l'unicité générale dans l'unicité du monothéisme, de Dieu comme Dieu (12. 40).

À ce moment, on voit que la démonstration formelle de l'unicité de Dieu est confirmée par une monstration matérielle. L'unicité de Dieu était déduite de sa seigneurie sur l'être, de sa souveraineté, donc l'unicité apparaissait comme impliquée par la divinité. Or sous son aspect de « sécurité de soi », d'identité inaltérable, on peut aussi discerner immédiatement, en elle-même, l'unicité de Dieu. La créature rationnelle de Kant est incomparable et inéchangeable : une éventuelle altération sur le plan phénoménal ne saurait affecter son unité nouménale, son unicité interne de chose en soi. Rien de ce qui arrive en lui ou en dehors de lui ne permet de considérer la créature rationnelle autrement que fin en soi. Une personne ne cesse jamais d'être personne : elle est toujours une fin, jamais un moyen. Et on retrouve ici une analogie avec le Dieu de Schelling. Sa souveraineté-sécurité fait que rien ne saurait affecter la synthèse propre de la divinité. Rien de ce qui "arrive" dans l'être mondain ou dans son être propre ne saurait porter atteinte à son identité. Et c'est grâce à cette inaffectabilité-invulnérabilité que Dieu peut opter pour la création, assumer l'aventure extraordinaire de l'Incarnation. La kénose et l'unicité sont en rapport organique. L'Unique est reconnu par son aptitude d'exister dans les contraires, de conserver son identité dans son contraire.

La kénose est la descente de Dieu, son auto-abaissement, son devenir moins que soi-même, son immersion dans le monde. Or Schelling dit dans une note importante : Dieu n'est pas l'indifférence absolue mais la différence absolue, celui auquel rien n'est égal, rien n'est semblable. Il est donc le purement et simplement déterminé « *das schlechthin Bestimmte (id quod absolute praecisum est),* de par sa nature séparé de tout, l'absolument solitaire, en un mot, l'unique au sens le plus haut » (12.100 n. 3). Les définitions formelle et matérielle de l'unicité : ne pas avoir son égal, son pareil, c'est-à-dire l'inéchangeable et le plus déterminé, le plus précis se retrouvent et se recoupent ici. Et ces recoupements ultimes nous permettent de tirer quelque conclusion où la spéculation sur l'unicité du Dieu souverain révèle ses profondes implications anthropologico-éthiques. Dans les leçons sur le *Monothéisme* Schelling définit le lien indissoluble de la divinité comme lien "personnel" (12. 61). Autant dire que l'indissolubilité est le chiffre de la synthèse personnelle. C'est son indissolubilité qui permet à Dieu d'assumer son autre, voire son contraire. Et ceci dans la mesure où Il est l'absolument séparé, le purement et simplement déterminé, la différence absolue par rapport à tout autre. C'est grâce à son indissolubilité, grâce à sa divinité inaltérable que Dieu peut descendre dans son contraire. C'est par ce qu'il est absolument uni avec soi-même que Dieu est d'une telle détermination qui lui permette d'être l'absolument séparé, le saint, l'absolument différent au sein même du monde et au milieu des hommes. C'est cette même indissolubilité de sa synthèse propre qui permet à l'homme, à la créature rationnelle de Kant, bref, à la personne d'entrer dans le monde, de se mêler au monde et aux autres. La présence et la proximité sont rendues possibles par la condition de personne, par l'incomparabilité, par l'unicité et ceci du fait même de cette sécurité de soi qui rend solitaire et séparé. Sur le plan le plus original l'unicité surgit de l'unité avec soi-même et seulement secondairement et à partir de cette unité comme différence avec les autres.

Miklos VETÖ
(Université de Poitiers)

UNICITÉ ET PLURALITÉ DE DIEU :

La contradiction et le diable chez Schelling

Les prémisses historico-critiques du concept spéculatif complexe du Dieu unique et pluriel ont été élaborées par Schelling dans l'*Historisch-kritische Einleitung in die Philosophie der Mythologie.* Le résultat fondamental auquel parvient cette dissertation méthodologique approfondie est double : d'une part, on aboutit à une définition de la conscience humaine en tant que *subjectum agens* de la mythologie, dans la mesure où celle-ci est « ce que pose Dieu par sa nature » ; d'autre part, on aboutit à sanctionner la valeur de vérité de la mythologie elle-même, laquelle doit être interprétée tautégoriquement. La recherche historico-philologique éclaire la vérité de la mythologie en tant que telle, mais laisse entier le problème de sa fondation. C'est là la tâche de la philosophie, seule capable de pénétrer le sens de ce problème et de proposer pour lui un système scientifique achevé.

Schelling soutient qu'il est nécessaire de commencer par redéfinir le polythéisme pour parvenir au plan théorique concernant les conditions de possibilité de la mythologie, puisque le polythéisme se pose comme étant à l'origine de ce *Volksgeist* que la recherche historico-philologique évoquait en dernière instance comme source de la mythologie. Le polythéisme, l'histoire des Dieux, est en effet pour Schelling une manifestation de la déhiscence *(auseinandergehen)* originaire de la conscience réelle et le processus de sa genèse. Cette thèse, qu'il faut opposer à la conception erronée de Creuzer concernant la théorie de l'abandon de la doctrine monothéiste révélée à l'homme avant le péché originel, conduit l'analyse au delà de l'histoire – parce qu'au delà du polythéisme – au seuil d'un état de confusion de la conscience et du divin : τὸ θεόπληκτον, τὸ θεοβλαβές τῆς ψυχῆς

En conséquence, si le polythéisme est un processus qui libère la conscience d'un état antérieur de possession, qu'on trouve consigné dans les théogonies en tant qu'elles sont des représentations de sa genèse, de son histoire naturelle, il faut, pour le comprendre, définir en premier lieu ce *prius,* autrement dit l'état dans lequel la conscience et le divin sont encore indistincts ou confondus. Cet état, et non point une hypothétique *notitia Dei insita,* est la seule forme vraie d'*Urmonotheismus*. C'est pourquoi c'est à la recherche philosophique que revient la tâche d'affronter le problème du monothéisme co-essentiel à la conscience en tant qu'antécédent non pas historique mais logico-métaphysique du polythéisme – de sa genèse – et donc, en tant que moment de la fondation de ses conditions de possibilité et de son *subjectum agens*. Un tel monothéisme, qui se situe aussi bien avant l'histoire des Dieux qu'avant la doctrine de la révélation d'un Dieu unique, est un pur concept et doit être analysé comme tel, c'est-à-dire en tant que concept du modèle du processus théogonique et de son sujet (substrat).

Les leçons sur le monothéisme ont donc pour objet l'élucidation de la structure formelle de la genèse de la conscience, qui se trouvera ainsi dégagée, sous son aspect pur de sujet logique et métaphysique, substrat de la prédication d'identité, virtualité du Je comme fondement de la prédication identique. La fonction qui préside à cette constitution de la conscience est l'exclusion, fonction logique à laquelle correspond une dynamique ontologique et phénoménologique. Le déploiement du modèle de la théogonie comprend la mise en évidence des sujets agents de la mythologie : pour le dire en termes ontologiques, des *subjecta,* des possibles : les puissances ; pour le dire en termes phénoménologiques, des protagonistes des *récits* antiques. Le processus lui-même consistera dans leur constitution postérieure en elle-même, dans leur passage de la virtualité à l'actualité, jusqu'à parvenir au sujet au sens étroit, la conscience. C'est là le "possible" cherché et le véritable protagoniste qu'elles excluront de leur enchevêtrement et "feront naître" en l'expulsant du plan de l'essence. La structure logico-ontologique qui préside à sa naissance est donc bien exclusion.

Le premier problème est posé par l'analyse du sujet logique de la définition traditionnelle du monothéisme pour vérifier sa certitude, pour fonder son rapport au prédicat et pour le reformuler sur le plan de la métaphysique. La proposition classique à laquelle se trouve réduit le monothéisme, savoir qu'« hors de Dieu il n'y a ni n'est aucun autre » (*daß außer Gott kein anderer ist* [1]), est une tautologie vide, une absurdité, un pléonasme. Si on la développe dans toutes ses implications, elle est la simple répétition du concept : « le Dieu hors duquel il n'y a aucun autre Dieu est le Dieu hors duquel il n'y a aucun autre Dieu ». Dans la mesure où elle n'énonce rien à l'égard de la divinité, une telle prédication exprime plutôt la position abstraite du théisme ; cependant, cette doctrine nie le polythéisme en tant que tel, elle l'assimile à l'athéisme et proclame de fait son impossibilité. Il convient donc de renverser la conviction selon laquelle théisme et monothéisme sont interchangeables, sous peine de perdre l'objet même de la philosophie de la mythologie.

La première erreur, commune aux interprétations philosophiques et théologiques courantes du rapport entre polythéisme et monothéisme, réside précisément dans l'affirmation selon laquelle en dehors du Dieu unique il n'y a pas d'autres Dieux. Le monothéisme devrait énoncer plutôt que parmi les diverses divinités il n'y a qu'un Dieu et qu'il est *unique,* ce qui est la seule affirmation qu'on peut définir comme dogmatique au sens littéral, pour lequel dogmatique est ce qui se réfère au donné. Dans ce cas, le donné est la phénoménologie même de la mythologie, qui atteste que le Dieu unique a une morphologie qui le distingue des Dieux qui s'inscrivent dans le Panthéon polythéiste. La fragmentation du divin, la *Vielgötterei,* la théogonie, est précisément le processus par lequel ce Dieu, qui prétend à l'unicité, s'affirme en excluant les autres Dieux de toute maîtrise de la conscience et en déchaînant le conflit entre unicité et pluralité. Pour donner un fondement ontologique à une telle phénoménologie, la recherche philosophique doit déconstruire l'assertion de départ du théisme,

1. SCHELLING *S.W.* (Cotta), XII, p. 13. Cf. *Le Monothéisme,* Introd. par X. Tilliette, trad. par A. Pernet, Paris, Vrin, 1992.

en montrant que l'unicité ne doit pas être considérée comme un prédicat de la divinité sous peine de tautologie ; en renversant les termes et en les replaçant dans leur séquence logique exacte, c'est, au contraire, la divinité qui est le prédicat de l'unicité. Il est nécessaire d'abandonner le concept théiste de l'unicité de Dieu en général pour fonder le concept de la *Einzigkeit Gottes als solchen*, autrement dit de l'« unicité de Dieu avant même qu'il soit Dieu », avant même qu'ait été prédiquée la divinité :

> ... Quiconque profère le nom de Dieu sent qu'il n'a pas tant énoncé – par là même – une unicité, que bien plutôt il ne l'a présupposée. Il faut en effet penser cette unicité pour penser Dieu, et non : un Dieu), donc avant même de penser véritablement Dieu. S'il y avait un autre Dieu que Dieu – un Dieu non pas effectif, mais possible, Dieu ne serait pas Dieu, mais un Dieu. Il est donc entendu d'avance, et pour ainsi dire avant que Dieu ne soit Dieu, qu'il est – non ce qui n'a pas son pareil, comme on a coutume de dire, mais – ce qui ne peut avoir son pareil.[1]

Sur le plan logico-formel l'unique dont on prédique la divinité, énoncé en termes universels, n'est que « ce qui ne peut avoir d'égal ». Puisque pour élucider la nature du monothéisme à partir du concept de Dieu on a abandonné le concept "Dieu" en général, qui comprend déjà l'unicité, si on pense la possibilité d'un autre Dieu outre Dieu, celui-là est déjà pensé comme un Dieu, un Dieu parmi les Dieux et non le Dieu unique. Unique est donc seulement "ce" qui n'a pas d'égal. En conséquence, "Dieu" doit être complètement abandonné en tant que sujet de la définition du monothéisme et doit plutôt être considéré comme un être à venir, un point d'arrivée, peut-être même comme une pure idée régulatrice, un noumène, ou comme l'idéal kantien de la raison, selon la thèse discutée dans la *Philosophische Einleitung in die Philosophie der Mythologie*.

À ce niveau vraiment très élémentaire, le sujet logique, qui précède et est préliminaire à toute prédication supplémentaire, vidé qu'il est de toutes les déterminations postérieures déjà incluses dans "Dieu", se trouve réduit à « ce qui n'a pas d'égal à

1. *Ibid.*, p. 24, tr. p. 36.

soi ». De la proposition « Dieu est Dieu » à la proposition « seul le Dieu unique est Dieu », et jusqu'à la définition minimale du monothéisme, « seul ce qui n'a pas d'égal à soi est Dieu ». Toutefois, puisque ce qui fonde la prédication de l'égalité est la participation à l'être, ce qui n'a pas d'égal à soi est, en rigueur, seulement l'*ens ipsum, auto to On, das Seyende selbst :*

> S'il ne peut y avoir rien d'autre que Dieu, Dieu ne peut être lui-même un être, c'est-à-dire un être tel qu'il participerait seulement à l'être (...) Si Dieu n'est pas un être, un simple participant à l'être, il ne lui reste plus qu'à être l'*Étant même, ipsum ens, αὐτὸ τὸ Ὄν*, et tel est donc ce préconcept nécessaire de Dieu qu'il nous faut poser en vue de poser Dieu (et non : un Dieu). [1]

Le concept préliminaire à toute formulation monothéiste de Dieu et le sujet propre de sa définition est donc *das Seyende selbst* (l'étant même), au sens étroit selon lequel être l'étant même est la matière de la divinité, est le *subjectum,* est l' ὑποκείμενον ou le substrat dont on prédique la divinité. Non pas Dieu, mais la pure possibilité du divin : l'essence. L'étant même est en premier lieu pure puissance d'être, *reines seyn Können,* parce qu'il est matière, sujet de la divinité. Tel est le concept et le statut le plus élémentaire du sujet logique : être la puissance pure qui est sous-jacente et à laquelle il revient d'être sous-jacente à toute prédication ou détermination supplémentaires plus précises :

> Certes, il n'est pas ce qui Est déjà ; si l'on entend par être ce qui survient à l'essence, ce qui est posé *en dehors* de l'essence, et donc encore à part – je pourrais le nommer aussi l'être qualifiant en propre, celui que l'on peut énoncer, prédiquer au sujet de l'essence. Or tel n'est pas le cas de l'être qui, parce qu'il n'est en rien distinct de l'Étant même, ne lui *ad*-vient pas, ni ne peut lui être assigné au sens propre. L'Étant même n'est donc pas ce qui Est déjà, au sens que nous venons de préciser, mais il n'est pas rien pour autant : plutôt est-il ce qui sera (...). "Dieu est l'Étant même" signifie, d'après ce que je viens de vous dire, autant que : Dieu,

1. *Ibid.*, p. 25, tr. p. 37.

considéré en soi et avant soi-même, dans son essence pure, n'est que ce qui *sera.* [1]

Dès lors que le concept qui permet d'ébranler la tautologie du théisme se trouve circonscrit dans l'*ens ipsum,* une première application de la prédication d'exclusion est possible. Si le *subjectum,* la matière dans l'ordre logique de la divinité est l'étant même, en tant qu'il est l' "unique" puisqu'il est ce qui n'a pas d'égal à soi, il s'ensuit qu'il n'y pas de matière, de "présupposé" (que ce soit sur le plan logico-métaphysique ou sur le plan ontologique) pour une pluralité de Dieux ou pour ce Dieu qui s'oppose à ceux-là comme unique, mais seulement pour la *divinité,* ou unité de l'essence :

> Je pense donc – dans cette unicité nécessaire aussi – *Dieu* non pas spécialement comme le Dieu unique, mais seulement comme l'Unique *en général* : unique *non pas* selon sa *divinité,* mais par sa simple substance (selon la substance – *substantia est id quod substat* ; substance est donc la même chose que base, *ὑποκείμενον*), je le pense comme unique selon la simple substance, et non selon la divinité, c'est-à-dire que par cette unicité, je ne pense point le monothéisme (...). Cette unicité nécessaire, provenant de la simple substantialité de Dieu, est toujours son unicité en général ou son unicité *absolue* (...). s'il ne *peut* y avoir d'autre Dieu que Dieu, c'est parce qu'il ne peut y avoir, en général, rien d'autre que lui, parce qu'il n'y a aucun matériau en général, aucune possibilité d'être en dehors de lui, parce qu'il est *lui-même* l'essence *(Wesen)* universelle. [2]

Le passage à l'acte du pur pouvoir être, autrement dit la position du prédicat du sujet élémentaire de la proposition qui fonde le monothéisme, comprend l'exclusion des sujets auxquels ne convient pas la divinité. De tels sujets sont avant tout des *puissances,* des possibilités de l'être, tout à fait virtuelles dans l'indistinction de l'*ens ipsum.* Les sujets auxquels ne s'applique pas le prédicat de la divinité doivent sortir de la *potentia* (potentialité / virtualité) en sorte d'être au fur et à mesure expulsés de

1. *Ibid.*, p. 32, tr. p. 44.
2. *Ibid.*, p. 29, tr. p. 41.

cette *matière* (substrat commun) – l'étant même – qui est le présupposé de cet unique sujet auquel seul peut s'appliquer le prédicat de la divinité. C'est pourquoi il convient de formuler de manière préliminaire une fonction dans laquelle le rapport du sujet et du prédicat soit tel qu'il ébranle les deux tautologies, opposées et spéculaires, du théisme et du panthéisme, et, puisque seul le monothéisme fonde la genèse de la conscience, il faut, d'un côté, exclure tous les sujets (les puissances) qui ne conviennent pas au prédicat – la divinité – et donc, en matière de phénoménologie de la conscience mythologique, tous les prédicats – les Dieux – qui ne conviennent pas au sujet, le Dieu unique. Le premier pas comprend donc une élucidation supplémentaire plus précise de l'*ens ipsum*, qui est le substrat auquel renvoient aussi bien le théisme que le panthéisme, afin de parvenir de l'unicité absolue, *die absolute Einzigkeit Gottes,* à l'unicité de Dieu en tant que tel, *die Einzigkeit Gottes als solchen.* En effet, l'être ne revient pas à l'étant même en tant que tel, en tant que pure possibilité, matière et substrat, si ce n'est dans le concept, autrement dit l'étant même est coïncidence absolue d'être et d'essence. Pour reprendre l'ancienne formulation de la philosophie scolastique : *in Deo essentia et existentia unum idemque sunt* [1] :

> Vous voyez par là que l'Étant *même,* n'ayant aucun être *en dehors de* son concept, n'*existe* lui-même que comme *concept* ; il y a donc *lieu* de dire *ici* que le concept et l'objet du concept sont un, ce qui signifie que *l'objet* même n'a pas d'autre existence que celle du concept, ou, selon l'expression consacrée, que le concept et l'être sont un. [2]

Ainsi, le premier pas au delà de la tautologie du théisme introduit directement au panthéisme. La thèse théiste, qui nie immédiatement l'existence d'autres Dieux, finit par affirmer que rien n'existe hors de Dieu : Dieu existe, Dieu est un, Dieu seul existe. Telle est la conséquence de la focalisation sur le seul problème de la négation des prédicats, qui donne pour acquise l'unicité du sujet, qui néglige de soumettre à la critique le concept de "Dieu" en général, et qui sanctionne cette unicité par la

1. *Ph. E.*, p.276.
2. *S.W.*, XII, p. 31, tr. pp.42/43.

tautologie. L'issue panthéiste du théisme a paralysé la philosophie et la théologie, qui ont préféré ignorer le principe même du panthéisme après avoir tenté en vain de le nier. Une telle négation est d'ailleurs impossible ne serait-ce que parce que le panthéisme dérive lui aussi du concept tautologique "Dieu", dans lequel essence et existence coïncident.

Théisme et panthéisme, en tant qu'ils sont l'un la négation de l'autre, reposent sur deux propositions universelles contraires qui ne s'excluent pas en tant que telles, compte tenu de la logique des inférences immédiates. Il appartient au concept "Dieu" en général, sujet de telles propositions, d'être dans son universalité de nature à ne pouvoir être exclu (*ein seiner Natur nach nichtauszuschließendes* [1]), dans la mesure où une proposition universelle n'exclut pas son contraire mais sa contradictoire, dont le sujet diffère par la quantité dans le rapport de subordination. Le principe de contradiction sera donc posé à la base de la prédication qui pourra ébranler "Dieu" comme sujet tautologique. La formulation d'une telle proposition contradictoire constitue la fondation logique du monothéisme – et, donc, des conditions de possibilité de la genèse de la conscience – et, puisque deux propositions contradictoires sont incompossibles, le monothéisme lui-même devra être considéré comme un moment postérieur. Autrement dit, la prédication contradictoire a pour but d'instaurer une succession entre les sujets incompossibles afin d'assigner à chaque puissance la place qui lui revient. Cette succession trouve un écho dans la phénoménologie des générations divines et c'est ce en quoi consiste précisément la fonction d'exclusion *(Ausschließung)* des sujets eux-mêmes.

Seule la prédication contradictoire réfute le panthéisme, mais pour que cette prédication soit radicale il faut que soit formulable et formulée une proposition d'exclusion dont le sujet soit singulier, posé *als solches,* comme tel. C'est ce que fait le monothéisme, qui affirme que seul le Dieu unique est Dieu, en imposant une restriction drastique [2]. La tautologie panthéiste, qui affirme que tout ce qui existe est Dieu, est contredite par l'affirmation selon laquelle seul le Dieu unique est Dieu, d'où il suit que le seul Dieu

1. *Ibid.*, p. 39.
2. *Ibid.*, p. 45.

qui existe est le Dieu unique. Cette inférence dénonce en premier lieu que :

> Il n'y a rien de tel qu'une preuve de l'existence de Dieu en général, car il n'y a pas d'existence de Dieu en général. L'existence de Dieu est d'emblée et immédiatement une existence déterminée ; il est impossible de progresser à partir d'un être indéterminé de Dieu. [1]

Le concept du Dieu unique, le concept du Dieu "singulier" – sujet d'une proposition exclusive, et donc singulière – contredit en premier lieu et immédiatement l'unité même du sujet comme principe. En conséquence, la première affirmation du monothéisme n'est pas du tout celle de l'unicité / unité du Dieu mais celle de sa pluralité, de la pluralité de "Dieu" en général :

> La thèse de l'unicité de Dieu est affirmative uniquement dans le cas où une vérité est posée en un être *(Wesen)*, et où l'unité de l'être comme tel est affirmée. *Posita pluralitate asseritur unitas Dei qua talis.* [2]

Cette affirmation est en effet la version non tautologique de la thèse panthéiste qui est ainsi rendue susceptible de pouvoir être surmontée :

> L'erreur de l'exposé habituel consiste donc à se représenter que ce qui est *immédiatement* affirmé dans le concept de monothéisme, c'est l'unité, alors que ce qui s'y trouve immédiatement affirmé, c'est bien plutôt la pluralité. L'unité, et l'unité de Dieu *comme tel,* n'est qu'indirectement affirmée, elle l'est seulement en opposition avec la pluralité. [3]

Au fondement de ce passage se trouve le rapport d'exclusion : la proposition panthéiste est annulée par sa contradictoire, pour autant que cette dernière est une proposition exclusive qui la nie (*im Sinn der Ausschließlichkeit (ibidem).* En partant de cette dernière, qui affirme que c'est seulement du Dieu unique qu'on peut dire qu'il est Dieu, la proposition panthéiste, qui prédique

1. *Ph. E.*, p. 274.
2. *Ph. O.*, p. 1282.
3. *S.W.*, XII, p. 46, tr. p. 56.

que tout est Dieu en affirmant que la divinité est prédicable du tout, c'est-à-dire de tout, trouve une traduction dans l'affirmation (contradictoire) de la pluralité de Dieu comme sujet. Que le rapport d'exclusion soit un pivot pour la construction du modèle et de la phénoménologie de la genèse de la conscience est la conséquence nécessaire de la tâche même qu'il faut revendiquer pour la philosophie en tant que science de l'étant, dont l'objet est *das Seyende selbst, das Wesen* (l'étant même, l'essence) ; c'est pourquoi :

> Commencer la philosophie par l'être, c'est lui mettre la tête en bas, c'est s'interdire de pénétrer jamais au cœur de la liberté. [1]

Mais pour accomplir une telle tâche la philosophie doit s'opposer au panthéisme, qui identifie essence et être *(ibidem)*. Le panthéisme se réfute en premier lieu en déchiffrant l'affirmation fondamentale et en mettant en lumière que le contenu du concept "Dieu", sa matière, son substrat et son sujet, est la pluralité. C'est donc dans la pluralité des sujets auxquels s'applique le prédicat de la divinité que se trouvera ensuite déterminé, par exclusion, l'unique auquel s'applique un tel prédicat.

> Comme on n'a cherché l'unicité que du côté de l'*énoncé*, il ne restait plus du côté du sujet de l'énoncé que le concept indéterminé et universel de *Dieu*. Or si l'on a admis, comme il faut le faire, l'hypothèse qu'il ne peut être question dans le *concept* du Dieu unique, c'est-à-dire dans le concept de monothéisme, de quelque chose *d'autre que* Dieu, mais seulement de Dieu *lui-même*, tout en pensant que ce concept enferme nécessairement une restriction, c'est-à-dire que l'unicité est limitée à Dieu comme tel, savoir à la divinité de Dieu, le seul sens qui reste à cette manière de voir, c'est que Dieu n'est unique que – comme *Dieu* ou selon la divinité, et qu'à tout autre égard ou abstraction faite de sa divinité, il n'est pas unique, mais – puisqu'aucune antithèse n'est ici pensable – *pluriel*. [2]

1. *Ibid.*, p. 34, tr. p. 46.
2. *Ibid.*, pp. 45-46, tr. p. 55.

Le concept de monothéisme, formulé dans une proposition exclusive, contradictoire par rapport à la proposition universelle tautologique du théisme et du panthéisme, montre que le monothéisme est le présupposé du polythéisme et dément philosophiquement, en les renversant, les théorisations d'un monothéisme originaire qui s'est dégradé en polythéisme. En effet, le sujet de la formulation monothéiste, grâce auquel est surmonté le panthéisme et la philosophie refondée comme science de l'étant, est singulier et contradictoire par rapport au concept vide de "Dieu", qui est également le concept présupposé propre à de telles théorisations. L'inférence de la pluralité de "Dieu" réfute l'identité du sujet logique et brise l'unité du sujet ontologique tout en fondant les conditions de possibilité du polythéisme : la pluralité des puissances *(subjecta)* à partir desquelles seulement on peut justifier la fragmentation postérieure du divin *(Vielgötterei)* et la multiplication des prédicats (des Dieux). Loin d'être la corruption d'une doctrine, le polythéisme est la purification de la pluralité établie au cœur du concept vide "Dieu", dont il contredit la tautologie.

La première connotation de ce sujet pluriel de la prédication du divin est la pure puissance d'être, l' ὑποκείμενον, autrement dit cette *omnitudo possibilitatis* qui constitue le substrat, et la possibilité de la contradiction radicale. C'est pourquoi le premier des *subjecta* est le fondement de l'exclusion ; il est ce qui met en mouvement l'extraversion des autres sujets à partir de l'identité vide de "Dieu".

> Le *fondement* de l'exclusion, la puissance qui exclut tout, qui met tout en tension, est la première, elle est le principe du commencement qui devrait n'être pas étant ; celui-ci, comme *omnia excludens* est, si nous pensons à l'autre signification de l'*excludere* latin, où il signifie autant que *parere*, l'*omniparens natura* ou *potentia.* [1]

Il s'agit d'un principe éminemment amphibologique : source de l'exclusion il ne peut être exclu à son tour ; il est ce qui par soi-même ne doit pas être exclu sous peine de rendre non contradictoire ce qui est contradictoire. C'est pourquoi, si la tautologie

1. *Ibid.*, p. 93, tr. p. 96.

est exprimée par la formule A = A, ce premier possible dans le sujet universel, ce substrat pur, doit être formalisé à l'aide de la lettre B, car, même s'il implique le processus d'exclusion, il demeure un sujet second dont la seule fonction est de contredire pour être à son tour contredit. B est donc la seule possibilité parce que, en tant que contradictoire, *non datur,* il reste le pur possible et que, pour cette raison même, il ne doit jamais passer à l'acte, il ne doit jamais être positivement expulsé. Enfin, étant donné que les concepts logiques sont également des concepts réels, vivants [1], un tel réseau de relations d'exclusion logique entre théisme, panthéisme et monothéisme confirme ce qui est soutenu dans la *Philosophische Einleitung* au sujet de la fonction positive, de la "position à l'extérieur" du rapport d'exclusion [2].

Un état de confusion, d'assoupissement, voire de totale immersion de la conscience dans la majesté divine du κόσμος correspond à la première prédication de la pluralité de Dieu dans la phénoménologie de sa genèse. C'est dans cette situation qu'a lieu la manifestation originaire du principe B qui occupe une figure-limite, représentation puissante de son rôle d'antécédent logique des puissances pures et du *principium contradictionis.* Une telle fonction ne peut se manifester autrement sur le plan de la phénoménologie de la conscience que comme tentation : la tentation de l'altérité qui fait connaître à la conscience la possibilité de mettre fin à son extase et à sa stase et la conduit à s'arracher à la fusion panthéiste du divin universel. Une action tentatrice semblable est du reste la quintessence de la contradiction, savoir une négation qui met en doute l'univocité et l'unicité de l'état présent. Le *principium contradictionis* se manifeste donc comme esprit de contradiction et ce dernier, l'esprit qui dit toujours non, est emblématiquement le démon. Satan est l'entité extra-humaine, pré-consciente et pré-mythologique, dont la morphologie exprime sur le plan de la représentation la dynamique théorique de l'exclusion – le rapport logique entre des propositions contradictoires et incompossibles – et sa valeur pour la genèse de la conscience, en tant que provocation à se projeter hors de l'essence dans la chaoticité multiple de l'être simplement

1. *Ibid.*
2. *Ph. E.*, pp. 290-291.

existant. Le démon est l'antécédent de cet acte irrévocable et immémorial où s'origine le drame épochal dont témoignent les mythologies :

> L'auteur de la contradiction, de la désunion universelle (...) à qui il est donné de maintenir la contradiction, la malédiction, la désunion. [1]

Satan, qui signifie, en hébreu, l'adversaire, ou le diable, équivalent grec, est hors de "Dieu", mais il n'est pas créé et n'est pas non plus un principe (du mal) ; il n'est ni une créature ni une divinité, et pourtant il est fondamental dans l'économie cosmique ; Satan est la force qui fait que ce qui est incertain devienne certain, l'indécis, décidé. Seul Satan, en révélant la possibilité du contraire, oblige la conscience au choix, et par le choix, l'oblige à l'abandon de l'innocence et à la séparation du Dieu. Et puisque l'être décidé est aussi libre, d'après un des principes centraux de la philosophie de la mythologie, Satan est l'impulsion à la libération de la confusion panthéiste et est la possibilité métaphysique de la naissance de la conscience. Principe de duplicité et de dédoublement, il est force individualisante et également la possibilité pure, cette puissance qui ne peut jamais être individualisée, qui ne peut jamais exister, que tout "exclut" parce qu'il n'est "exclu" par rien, toujours présent – substrat –, précisément en tant qu'il n'est jamais.

De telles déterminations opposées ont fait que cette figure a été totalement mécomprise, surtout parce qu'elle a assumé divers visages, en tant qu'entité constante dans l'histoire de la conscience. Cela n'étonnera nullement, affirme Schelling, ceux qui ont bien compris que :

> De telles déclarations, qui ne sont certes pas contradictoires, mais ne cessent d'être constatées, ne peuvent susciter l'étonnement que de celui qui n'a pas d'emblée pris garde au fait que le concept de Satan est de tous les concepts possibles, le plus dialectique, ne serait-ce que par suite de la nature du principe dont il dérive finalement (le principe du pouvoir

1. *Ph. O.*, II, p. 250.

être et ne pas être, principe par nature amphibologique et équivoque).[1]

Étant donné que chaque stade et chaque figure mythologique reçoit sa pleine définition seulement après avoir “exclu”, expulsé du chaos – de la confusion dans le tout panthéiste – la figure qui la précède pour en faire son fondement, Satan est le principe B en tant que possibilité qui accompagne cette expulsion et, une fois que tout est accompli, il en est l’obscure et inextirpable racine. C’est pourquoi la tradition le décrit comme le mal en embuscade qui ne sera vaincu qu’à la fin, toujours soumis et toujours rebelle, mais, également, comme le frère du Christ. Satan, en tant que figure de B, est ce qui ne doit pas être – il est pure puissance – et il est ce qui est en tant que ce qui n’est pas : il est précisément (en) puissance. C’est pourquoi c’est à juste titre que lui est appliqué la dynamique de l’exclusion, et même il est la seule figure dans laquelle la conscience est parvenue à objectiver ce qui autrement serait inobjectivable parce qu’il la précède et l’accompagne dans l’ombre :

> Cette possibilité est ce qui ne peut absolument pas être exclu, précisément parce qu’elle est simple possibilité. Comme principe effectif, il est exclu par la conscience purement humaine et en celle-ci ; mais comme simple possibilité, il est précisément ce que l’on ne peut rigoureusement pas exclure.[2]

Une fois ce passage effectué, la puissance amphibologique commencera à prendre pour la conscience le visage du destin, de la tentation de l’altérité à la *dira necessitas* d’une longue et douloureuse initiation à elle-même.

Subjectum pur, pure puissance d’être, le principe B est la seule chose qui puisse conduire *ad extra* les autres sujets, tout en demeurant précisément puissance du fait même de la force de son passage à l’acte : en excluant les autres puissances il exalte sa fonction contradictoire. Il est le principe de l’identité universelle, en conflit permanent avec la particularité et l’individualité. Les autres puissances, à leur tour, se définissent par le rapport

1. *Ibid.*, p. 251.
2. *Ibid.*, p. 259.

d'exclusion de cet état suffocant : la deuxième puissance, A^2, acte pur en tant qu'être de la pure potentialité, côté passif et nécessaire de sa réalisation, est la différence, l'individuel en contradiction avec l'uniformité du tout-possible. Cette contradiction rétablit d'un côté l'état potentiel de la première puissance dans un passage nécessaire et puisque celle-ci exclut aussi l'acte en un sens passif, l'être actuel ne lui revient pas. Le tout possible devient racine de l'être. D'un autre côté gravite la troisième puissance, A^3, l'étant pleinement déterminé par la totalité de tous les prédicats, l'individualité totale à laquelle seule revient l'être.

Chassé de l'Éden métaphysique des puissances, tenu à distance abyssale du repos sabbatique de l'essence divine, l'homme est cependant le sujet réel de la contradiction : Prométhée, l'irréductible ennemi de Zeus, le héros enchaîné entre ciel et terre, exclu tant de l'assemblée divine que de la société humaine, est la métaphore la plus dramatique de la genèse de la conscience, virtualité du savoir latente dans le règne de l'identité métaphysique, et il est également ce qui provoque le processus entier qui vise à la constitution du Je.

Lidia PROCESI
(CNR, Rome)

DIEU CHEZ ARISTOTE ET SCHELLING

I

On sait que le dernier Schelling, dans sa tentative incessante pour formuler le dernier mot de sa philosophie, s'est appuyé sur une nouvelle lecture d'Aristote. Durant ses années d'absence de la scène universitaire, il lutta pour atteindre une position philosophique qui devait se montrer comme le développement sans rupture de ses débuts proprement créatifs. En même temps, et de ce fait même, il s'agissait de ramener dans ses limites Hegel, le concurrent plus âgé, que Schelling appelle occasionnellement un « plus tard venu ». Hegel, durant ses années de Berlin, était devenu une figure directrice en philosophie, et il conserva cette place au sommet de l'actualité même après sa mort, dans le conflit entre les fractions « progressiste » et « orthodoxe » de son école.

Dans cette situation, le but de Schelling ne pouvait être que d'interpréter la dialectique spéculative de Hegel, présentée en une encyclopédie de l'esprit, comme l'exploitation ultime des découvertes systématiques issues des premières démarches schellingiennes. Hegel aurait buté sur les frontières internes de l'entreprise idéaliste sans pouvoir les dépasser. Le Schelling de la maturité classe ceci comme « philosophie négative », à laquelle doit encore succéder une « philosophie positive ». Pour le *tracé de la frontière entre philosophie négative et philosophie positive,* le recours à Aristote joue alors un rôle non négligeable. Schelling, successeur de Hegel dans sa chaire de Berlin, reconnaît que lui, « le fondateur de la philosophie de l'identité, savait alors peu de choses d'Aristote »[1]. On peut penser que la concurrence avec Hegel, qui s'était conçu comme l'Aristote moderne, avait fourni un motif pour revenir à l'antique modèle.

Chez les commentateurs, Fuhrmans, Schulz et même Tilliette, on n'a pas toujours prêté une attention suffisante au parallèle avec Aristote. Certes, J. F. Courtine[2] a récemment exploré de façon précise les relations. Les remarques qui suivent se rencontrent donc avec ses recherches. Mais j'ai encore un autre problème que Courtine. Je m'occupe moins du *contenu explicite* de la philosophie positive de Schelling. Celui-ci, malgré toute sa complexité, son obscurité partielle et l'étendue de ses variantes terminologiques, a été éclairci par le travail des spécialistes. Ce qui m'intéresse, c'est plutôt la *stratégie* du discours philosophique, si on peut l'appeler ainsi.

Ma question porte sur le sens d'un couronnement théologique dans le concept global de la philosophie. À ce point de vue, la confrontation d'Aristote et de Schelling est particulièrement instructive. Non seulement ils appartiennent tous les deux au cadre large de l'onto-théologie européenne, noyau de toute métaphysique selon Heidegger. Dans leur traitement propre des « questions ultimes», les deux auteurs montrent des dispositions fondamentales de type différent, en deçà desquelles il est manifestement impossible de remonter.

II

Rappelons tout d'abord très brièvement le cheminement de pensée par lequel Aristote s'ouvre la voie à la théologie. Que les philosophes parlent des dieux était chose courante. Mais Aristote est d'avis que c'est lui, le premier, qui a réussi à permettre un discours rationnel sur Dieu, qui ne s'en tienne pas au mythe narratif ni ne se perde dans l'exaltation mystique de Platon. Pour cela il procède comme suit.

1. SCHELLING, *Philosophie der Offenbarung* 1841/42 *(Paulus Nachschrift)*, éd. par M. Frank, Francfort, Suhrkamp, 1977, p. 142.

2. "La question schellingienne de l'onto-théologie", in De Konninck/ Planty-Bonjour (éds.), *La question de Dieu selon Aristote et Hegel*, Paris, P.U.F., 1991, en particulier p. 245 *sq*.

Le problème central de toute la philosophie d'Aristote, c'est de comprendre le *changement* ou le mouvement (κίνησις). À cela servent d'une part la distinction capitale, introduite par lui contre son devancier Platon, entre philosophie théorique, pratique et poïètique – et d'autre part tout ce qui est dit de particulier dans ces domaines sur la connaissance, le sens de l'action et la conduite de la production technique. Dans le livre I de la *Métaphysique,* la brève récapitulation de l'histoire de la philosophie explique de manière très plausible l'*origine* de la problématique. L'opinion d'Héraclite sur le changement comme trait fondamental ultime de toute réalité conduisit Platon à la tentative de devenir maître de l'alternance grâce à une détermination conceptuelle absolue. L'affirmation d'Idées immuables au delà de l'apparence multiple du monde sensible signifie une avancée philosophique. Cependant, le lien entre Idées et monde de l'apparence, grâce à une « participation » (μέθεξις), demeure obscur.

Aristote tient cette expression de Platon pour l'indice d'une difficulté, et non pour sa résolution. Le savoir doit plutôt revenir à des *principes* qui, à la différence des Idées de Platon, n'existent pas purement pour soi dans l'éternité, de sorte que tout le reste ne serait qu'une sorte de pâle reflet ontologique. Les principes ont pour fonction de fournir une vraie fondation de la réalité dans son être concret. Au moyen de la distinction canonique de quatre types de fondation – matière, forme, origine du mouvement et but du mouvement – Aristote veut rendre justice conceptuellement à la nature mobile de la réalité. Grâce à ce dispositif conceptuel achevé, nous pouvons expliquer l'être des choses du monde dans leur structure fondamentale de changeabilité-mobilité.

De là surgit alors la question plus étendue de l'ensemble universel de toute réalité mue. Cette structure fondamentale du mouvement ne peut pas elle-même être née, car c'est alors d'un mouvement que proviendrait le mouvement. Nous nous trouverions engagé dans une régression et ne saurions dire comment il faut se représenter l'état d'où le mouvement provient en dernière analyse, et le passage même à celui-ci [1]. De ce paradoxe Aristote

1. On trouve un paradoxe semblable dans la doctrine kantienne des antinomies cosmologiques, qui ne peut être résolu que par le recours à la

conclut à la nécessité d'admettre l'éternité du mouvement comme tel. Pour cela à nouveau il doit y avoir une raison *(Grund)* suffisante. D'où le recours au moteur immobile, unique manière d'expliquer la durée éternelle du mouvement.

Il doit appartenir à un tel principe d'entretenir, à partir de soi et de manière nécessaire, le processus global du mouvement du monde. Pour cela, il est exigé que l'opération ne mette pas en jeu une simple puissance qui ne parviendrait jamais à la réalisation, ni même une puissance qui soit, certes, réalisée de fait, mais sans pouvoir prétendre à la nécessité. Dans le premier cas – celui, pour ainsi dire, d'un « dieu qui dort » [1] – nous n'avons pas de véritable explication, car la fonction décisive – mouvoir sans être partie du processus de mouvement – demeure à l'état de simple possibilité. Dans le deuxième cas, l'explication se dérobe, car tout aurait pu aussi être autrement ; à partir du fait contingent que quelque chose meut, qui aurait pu aussi ne pas mouvoir, nous n'obtenons aucune certitude théorique [2]. C'est pourtant cela que nous exigeons d'une fondation pour convaincre notre besoin d'explication.

Le principe ultime recherché dans la métaphysique ne doit absolument pas pouvoir défaillir à sa tâche : fournir un fondement à l'ensemble universel de la réalité mue. Il est impensable que ce principe ne fonctionne pas, *i. e.* qu'il ne soit pas, pour tout [être] mu différent de lui, le fondement de sa structure ontologique de mobilité, et cela avec une nécessité immuable. Aristote le décrit donc comme « cause pour soi-même et pour l'autre » [3]. Le principe qui porte tout ne peut exister que dans une *effectuation* ou *actualité* (ἐνέργεια) constante et sans alternative. Il est ce mode d'être supérieur à tout le reste de l'étant, qui constitue son « bien » et agit sur tout comme objet d' « amour ». Ces métaphores célèbres soulignent le rôle cosmologique d'un étant qui, parce qu'il ne peut être ailleurs qu'au degré suprême, est

liberté du vouloir – mais cela signifie le passage de la philosophie théorétique à la philosophie pratique.

1. Cf. *Métaphysique,* 1074 b 18 et *Éthique à Nicomaque,* 1178 b 19 sq. ; *cf.* aussi PLATON, *République,* 533 b-534 d et *Lois,* 808 b-c.

2. *Métaphysique,* XII, 6, 1071 b *sq.* ; *cf.* aussi l'ensemble de *Physique,* VIII.

3. *Métaphysique,* 1072 a 15.

responsable du fait que l'étant est, de façon générale, comme il est. Autrement en effet, « rien d'étant ne serait » [1], dit Aristote.

Par là, Aristote prétend avoir développé un concept rationnel de *Dieu,* obtenu par une analyse de l'ensemble du mouvement cosmologique jusqu'à son dernier terme. Le contenu manifeste de cette idée accomplit définitivement le programme de fonder toute réalité, avec lequel la métaphysique d'Aristote se présentait dès le livre I. Il est important de remarquer ici que c'est l'entreprise réussie de la connaissance absolue qui fournit la voie pour parvenir à la doctrine de Dieu – et non, à l'inverse, une représentation de Dieu déjà équipée des prédicats de l'absolu qui serait simplement analysée philosophiquement ou même « prouvée », au sens des preuves médiévales [de l'existence] de Dieu.

III

Chez Aristote s'accomplit une rationalisation de type élémentaire : une recherche radicale des raisons révèle le noyau véritable d'un problème énigmatique. Ainsi se réalise notre désir naturel de savoir et de comprendre. Mais que l'homme, dès l'origine, veuille comprendre, telle est la *prémisse indiscutable* que pose la célèbre ouverture de la *Métaphysique* : tous les hommes cherchent, par nature, le savoir. De ce fait, on remarque un lien étroit entre d'une part le principe théologique, et d'autre part la *pratique cognitive* de la théologie. Le concept de Dieu et l'être du divin semblent converger. Cela peut nous étonner, parce qu'on sait que contre Platon et son idée suprême du Bien, Aristote tient à ne pas mêler des éléments pratiques à la spéculation théorétique.

Cependant il est inévitable de parler de la « vie » de Dieu (διαγωγή, ζωή) et, par analogie avec elle, de la vie du philosophe lancé à l'assaut de la métaphysique [2]. Les deux sont, en effet, des modes d'être de l'intensité la plus haute, et c'est pourquoi ils sont comparables. Dieu n'existe pas comme un pur principe; il accomplit la fonction de principe seulement parce qu'il représente la réalité la plus parfaite, qui apparaît inentamée par des possibilités ou du non-être. Mais la réalité à son degré supérieur ne

1. *Ibid.*, 1071 a 25.
2. *Ibid.*, 1072 b 14-30 ; *De caelo,* 292 a 21 *sq.*

peut être conçue que comme une sorte d'activité absolument accomplie, en tant qu'ici la raison ne s'occupe de rien d'étranger [à elle], ne dépend de rien d'autre, *i. e.* est libre et tout entière actualisée par soi-même [1]. Pour cela, le philosophe, dans son *arétè* absolue, s'approche de la vie de Dieu [2].

Aristote parle d'une « science cherchée » (ἐπιστήμη ζητουμένη) [3] qu'on nommait auparavant sagesse (σοφία) et qui, depuis la classification éditoriale ultérieure, est désignée comme métaphysique. Cette discipline encore à établir n'est certes pas aussi nécessaire que les autres sciences [4], mais, à cause de son thème et de sa « méthode » [5], elle pourrait bien valoir comme la plus estimable. Son instauration comme théorie absolue et théorie de l'absolu en même temps, conduit-elle à une *concurrence avec les dieux* ? Dépasse-t-elle la capacité humaine au point de devoir exciter l'envie des dieux, comme le craignent les poètes ? Conformément à la critique platonicienne des poètes, Aristote répond que les poètes mentent le plus souvent, et il observe que les sages universellement reconnus n'ont pas manifestement à souffrir de l'envie divine, mais peuvent à bon droit être appelés au contraire « favoris des dieux »(θεοφιλέστατος) [6]. Par là, le programme de la recherche métaphysique se montre légitimé aux yeux d'Aristote, et on peut considérer cela comme l'aboutissement naturel d'une *rationalisation*.

IV

Schelling utilise la théologie d'Aristote pour faire contraste avec la logique de Hegel [7]. Le Stagyrite s'est détourné de l'art

1. *Métaphysique,* XII, 9.
2. *Ibid.*, I, 2. Cf. *Éthique à Nicomaque,* 1177 b 16–1178 a 8, 1178 b 7-32.
3. *Métaphysique,* 983 a 21.
4. *Ibid.*, 983 a 10 *sq.*
5. *Ibid.*, 983 a 23.
6. *Ibid.*, 982 b 25 *sq.* et *Éthique à Nicomaque,* 1179 a 24 *sq.*
7. Dans ce qui suit, je me réfère à la version *Paulus* des leçons de Berlin (1841/42) sur la « Philosophie de la Révélation » (éd. M. Frank, *op. cit.*), p. 139 *sq* ; cf. *Philosophie de la Révélation,* leçon VIII). Sans pouvoir entrer dans des considérations philologiques, je considère les passages se rapportant à Aristote dans la version *Paulus* comme particulièrement frappants. D'une

purement conceptuel de la dialectique platonicienne, son « empirisme » si vanté consiste à ne pas thématiser la réalité seulement « dans les *logoi* ». Schelling prétend reconnaître là la plus ancienne allusion à la relation éternelle de la philosophie négative à la philosophie positive. Ainsi, le prétendu aristotélicien Hegel est mis du côté de Platon, tandis que le dépassement de ce rationalisme absolu par Schelling porte pour la première fois complètement à la parole ce qu'Aristote avait visé par son virage *(Wendung)* du concept à la réalité. Dans la philosophie négative, la philosophie positive ne peut pas surgir, mais la sortie de la philosophie négative s'effectue en direction d'une « transcendance » qu'aucun système logique de concepts ne pourrait rejoindre.

La *Science de la logique* de Hegel avait pris la place de la métaphysique traditionnelle, après que les vieux édifices scolastiques aient été renversés par la mise en question tout à fait radicale opérée par la critique kantienne. La tentative révolutionnaire d'expliquer la raison totalement de l'intérieur culminait, de manière conséquente, dans la logique de Hegel. Pour Schelling, l'erreur consistait justement en ceci que la logique de Hegel prétendait, en dépit de la critique kantienne, atteindre le but final de métaphysique classique par les moyens du concept ; selon lui, le résultat ne peut être qu'un échec à atteindre ce [terme] ultime, qui ne peut jamais être démontré à partir du concept. Car ce qui est au delà de la puissance du concept, c'est l'être même. Schelling l'appelle l' « Existant » *(Existierende)* dont l'existence ne peut reposer sur un concept antérieur de lui : il serait le pur *quod (Daß)* sans *quid (Was)*. Alors que dans la tradition de la réflexion kantienne, les concepts précédaient la réalité, on doit, dans le problème suprême et ultime de toute philosophie, se détourner de la recherche d'un « prius » au profit de la parfaite acceptation d'un « posterius ».

manière générale, la version *Paulus* montre une grande précision dans la restitution. Les textes correspondants dans la version du fils de Schelling sont, de leur côté, non pas totalement authentiques, mais rédigés en vue de la publication. Dans l'ensemble, nous en savons jusqu'à présent encore moins, du point de vue de l'état des textes, sur la dernière philosophie de Schelling que sur les cours de Hegel.

Aristote aurait conduit la philosophie jusqu'à ce seuil, et pour cette raison Schelling se l'approprie comme instance d'appel face à *Hegel*. Celui-ci en effet n'aurait même pas deviné ce paradoxe – qu'à partir du concept seul on ne peut parvenir à l'être, et pas davantage à partir d'un enchaînement scientifique et génétique de tous les concepts au sens d'une logique dialectique. « Aristote a bien ce [terme] ultime comme l'existant effectif, mais seulement parce que toute sa science est fondée sur l'expérience. Il a l'ensemble du monde comme effectif, mais ce n'est pas l'effectif qui l'intéresse, mais seulement le *quid (Was)*, et ainsi, pour lui, le [terme] ultime n'est encore que ce qui est *actus purus* selon sa nature (non selon l'existence). Pour cette raison, Aristote ne fait aucun usage du [terme] ultime comme d'un existant effectif. » [1]

Tandis que « l'aveu le plus conséquent de la philosophie négative » de la modernité aboutit à dire « que le dieu effectif n'a de vie que dans le développement de l'esprit humain » [2], Aristote, en fixant les tâches de sa « science cherchée », montrerait un vrai sens de la marche de la philosophie. La philosophie serait encore à la *recherche* de son objet. La quête de Dieu par la métaphysique comme de la fin ultime de toute philosophie débouche finalement sur le moteur immobile et par là bel et bien sur une détermination conceptuelle. C'est le *quid* de Dieu qui est déterminé comme pensée de la pensée, comme *energeia* suprême, comme pur acte en tant qu'acte. Et ce n'est pas une simple existence déductible d'on ne sait où que l'empiriste antique attribuait à Dieu.

« Même aujourd'hui encore, la voie d'Aristote – progresser de l'existant jusqu'au logique – serait l'unique voie de la philosophie. Mais le Dieu d'Aristote ne peut nous satisfaire complètement. Nous avons une conscience plus profonde de Dieu, non seulement à cause du christianisme, mais aussi à cause de la mythologie. La mythologie n'avait pas de valeur pour Aristote. » [3] Certes, dans un passage important au début de la *Métaphysique* [4], Aristote met sur le même plan le *philo-sophos* et le *philo-mythos*, en tant que les deux cultivent l'étonnement. Mais

1. *Op. cit.*, p. 142.
2. *Ibid.*, p. 153.
3. *Ibid.*, p. 143.
4. *Métaphysique*, 982 b 18 *sq*.

en fait, sur le chemin de sa « rationalisation », il n'emprunte pas davantage à la dimension mythologique. Si le chemin doit conduire de la philosophie négative à la philosophie positive, alors c'est dans la *Révélation* chrétienne que se situe l'orientation décisive. Ainsi, la différence la plus profonde entre Schelling et la métaphysique antique est à chercher dans le caractère propre d'un *Dieu créateur* transcendant et antérieur au monde.

Aristote cherchait un *principe cosmique,* qui rendît compréhensible l'ensemble universel de la réalité donnée. Schelling cherche encore plus loin une explication du fait que la réalité nous est *donnée.* Telle serait la version philosophique du message chrétien concernant un Dieu extérieur à ce monde que nous pouvons comprendre et libre à son égard. Toute notre intelligence de cela qui est ne nous garantit pas l'être-donné originel d'une réalité en général. Mais que serait la philosophie, si elle parlait intelligemment sur un non-existant ? Le discours intelligent ne suffit pas à faire du réel à partir du possible. Comme l'écrit Schelling, « ce n'est pas parce qu'il y a une pensée qu'il y a un être, c'est parce qu'il y a un être qu'il y a une pensée »[1].

Il apparaît ainsi que le virage aristotélisant de la dernière philosophie de Schelling reprend contre le panlogisme de Hegel le vieux motif qui est à la source du développement de tout l'idéalisme post-kantien. Les post-kantiens comprirent que la réflexion ne peut pas commencer radicalement par elle-même. En tant que réflexion, elle présuppose toujours quelque chose d'autre pour s'en écarter. Cette interprétation du statut de la philosophie transcendantale kantienne comme d'une recherche se situant sur un méta-plan conduisait à l'exigence d'une métaphysique du commencement. Jacobi avait rappelé l'affirmation fondamentale de Spinoza, selon laquelle la philosophie doit commencer directement par l'absolu. C'est cette constellation de pensées qui a mis en route le mouvement intellectuel du premier idéalisme. En même temps que le problème du commencement surgit l'idée ingénieuse d'une mythologie qui fournit un soutien à la nudité des idées, les imprègne d'un contenu pré-pensé et opère leur média-

1. *S. W.*, II, 3, p. 161.

tion avec l'intuition collective [1]. Les idées-germes d'un être-donné originel nécessaire et d'une intuition collective apparaissent dans leur complète maturité seulement chez le dernier Schelling, comme « philosophie de la Révélation » et « philosophie de la mythologie ».

V

La comparaison avec le précurseur antique montre clairement qu'Aristote, en fait, part d'un être-donné ultime, qu'on ne doit pas déduire de concepts préalables. Il s'agit en l'occurrence de la *structure de mouvement* de tout ce qui est réel. Pour Aristote, c'est là quelque chose qui va de soi, parce que les efforts de pensée de ses devanciers tournaient déjà autour de la compréhension de ce point. La philosophie d'Aristote ne se prétend pas révolutionnaire, elle veut au contraire conduire de manière définitive à des concepts appropriés ce qui est d'ores et déjà donné à la raison. Que la philosophie soit reliée à un cosmos, que nous n'opérions pas à notre guise avec des concepts auxquels ne correspond aucune réalité, que nous n'ayions *pas à démontrer l'existence du monde* avant de réfléchir sur lui, ce n'était pas un problème pour Aristote, pas plus que pour l'ensemble de la philosophie antique.

Remonter en deçà de l'être donné du réel pour le mettre lui aussi en question, cela présupposait plutôt le long processus de sécularisation de la certitude de foi du christianisme qui, comme monothéisme, était dirigé vers une personne absolue. Ce qui reste, si on fait abstraction du cadre théologique, c'est le pur *mystère de l'être,* qui se présente absolument comme tel sans rien de déterminable ou d'approchable par concept. Comment y a-t-il en général quelque chose, si nous ne présupposons plus Dieu comme créateur ? L'être nous est donné alors sur le mode de l'inexplicable. L'attitude qui convient à la philosophie, ce n'est donc plus la victoire par le concept, mais l'acceptation muette et abandonnée. Ce n'est pas pour rien que le dernier Heidegger se tourne si volontiers vers Schelling.

1. *Cf.* le souvent cité « plus ancien programme systématique de l'idéalisme allemand », fruit d'un travail commun de Schelling, Hegel et Hölderlin.

Le point désigné de la *rupture du travail du concept* ne peut certes être atteint que grâce au développement préalable de l'art conceptuel de la philosophie rationnelle. Déclarer celle-ci *négative* signifie : renoncer à elle et à ses moyens d'action. On ne dispose pas d'une terminologie qui conviendrait pour cela, car sur ce point la transition s'effectue à partir du mode antérieur de philosopher. Au lieu de concepts authentiques, on trouve des citations : selon Spinoza, il doit s'agir de l'« aveuglément-étant ». Dans la terminologie d'Aristote, les positions traditionnelles doivent s'inverser : Dieu n'est pas le nécessaire, dont nous savons à tout le moins qu'il ne peut pas ne pas être. Il devient le « contingent » *(Zufällige)* qu'il convient d'admettre parce qu'il ne saurait être déduit d'aucune manière. Faisant allusion à la métaphysique d'Aristote, Schelling écrit : « Il fallait montrer l'[élément] contingent dans l'exister imprépensable. Il pré-vient ce qui existe, l'existant même, si bien que celui-ci n'est même pas posé comme essence, mais est directement l'étant de manière tout extatique, comme posé en dehors de soi. L'essence ne s'est pas aliénée, avant de se penser elle-même. On trouve en elle l'antipode à toute idée, mais dans cette opposition elle est elle-même idée, à cause de ce retournement complet »[1].

En conclusion, *deux questions* se présentent qui, considérées de près, sont seulement deux manières d'exprimer le même dilemme. Si le philosophe authentique doit renoncer à toute orientation dialectique, la relation de la philosophie négative à la philosophie positive ne se laisse pas vraiment saisir. On ne peut même pas dire ce qui se passe lorsque toute pensée vise le [terme] ultime et en outre doit respecter l'interdiction de jamais atteindre ce [terme] ultime à partir de la pensée. On ne peut s'aider du schéma habituel de la « négation déterminée » qu'Hegel utilise toujours quand il conduit la pensée au bord de la « dialectique de la limite ». Car par là on entretiendrait l'illusion de parvenir, *grâce* au concept, *au delà* du concept, *i. e.* à sa négation absolue. Mais l'être tel qu'il doit être accueilli selon l'empirisme philosophique n'est pas la négation du concept. Un tel saut préparé en pensée se perdrait dans le vide. Conformément à cela, Schelling

1. Éd. M. Frank, p. 167.

s'était moqué de la logique de Hegel : « Lorsque le système doit faire le pas difficile à la réalité, le fil du mouvement dialectique se rompt totalement ». Par « ennui », pour ainsi dire, l'idée devrait prendre le parti d'interrompre son être purement logique. La préface de Schelling à un écrit de Cousin[1] décrit ce caractère sans issue du cabinet des miroirs.

L'autre version de la même difficulté – ne pouvoir indiquer la transition de la philosophie négative à la philosophie positive – consiste dans le fait qu'avec Aristote et aussi avec Hegel on peut mettre la théologie en relation précise à la *position du philosophe*. Celui qui recherche par la voie de la philosophie le connaissable par excellence (μάλιστα ἐπιστητόν) s'élève au dessus de l'état normal de la finitude humaine et arrive à proximité des dieux – voilà pour Aristote. Celui qui a médité la « science de la logique » se trouve confronté à la coïncidence du savoir absolu et de l'absolu même, qui n'est rien d'autre que la médiation totale de l'esprit – voilà pour Hegel. Schelling désigne le connaissable par excellence d'Aristote, de manière inversée, comme l' « inconnaissable »[2] et déclare : « Le pur et simple existant est précisément ce qui renverse tout ce qui pourrait procéder de la pensée – il est ce devant quoi la pensée se tait et la raison elle-même s'incline » – ici « la pensée n'a aucun pouvoir ».

En ce qui concerne Aristote et son assignation à Dieu de se penser soi-même, Schelling tombe dans un surprenant paradoxe de nature *quasi existentialiste* : « Dans cette nécessité de se penser éternellement soi-même, il y a une limitation effrayante ; aucun mortel ne pourrait l'assumer. Ne penser toujours qu'à soi, ce devrait être, pour toute nature saine, l'état le plus pénible. Gœthe : "Je pense seulement quand je produis" »[3]. On ne doit pas attribuer à Dieu ce qui ne satisfait aucun mortel. La nature saine s'efforce de sortir de soi et s'occupe activement d'autre chose que de soi, comme doit le marquer la citation ici insérée de Gœthe. C'est d'abord comme créateur que Dieu sort vraiment *hors de soi*.

La divinisation aristotélicienne de l'homme par la philosophie, qui nous permet, temporairement et imparfaitement, ce

1. *S. W.*, I, 10, p. 212 *sq.*
2. *Op. cit.*, p. 151.
3. *Ibid.*, p. 176.

que Dieu fait éternellement, se renverse en une limitation de l'absolu, lequel se trouve nié par le caractère fini du rapport exclusif à soi. Il n'est justement *pas* conforme à Dieu de n'être, par la pensée, jamais occupé que de soi. Un tel changement de perspective théologique par référence aux conditions humaines d'existence est une autre manière d'échapper à la tentation d'un développement dialectique suivi dans le domaine du concept. La philosophie positive ne se rapporte pas à la négative comme la simple négation de la négation.

Aristote affirme que sans Dieu, tout n'est rien, parce que le processus cosmique a besoin d'un fondement. Schelling soutient en revanche que sans Dieu, c'est seulement le système de la pensée qui devient du négatif *(nichtig)*. La retombée justifiée du rationalisme dans la nullité d'une philosophie purement négative doit nous pousser dès lors inéluctablement vers ce Dieu imprépensable qui est l'absolu parce qu'il n'est aucun fondement et n'a besoin d'aucun fondement. Mais cet absolu ne peut être que l'*abîme* de la pensée, et on ne peut rien en savoir de plus. On a vu, dans la dernière philosophie de Schelling, l'accomplissement de l'idéalisme allemand, circonscrivant ainsi l'histoire inaugurée par Hegel. On a aussi rapproché Schelling de la critique de l'idéalisme par l'école pratico-politique, du matérialisme et de l'existentialisme. Ces deux perspectives sont certes autorisées par l'insondable Protée qu'est Schelling, parce que, finalement, on ne peut les distinguer l'une de l'autre.

Rüdiger BUBNER
(Université de Tübingen)

LA MYTHOLOGIE COMME PROCESSUS DE LA CONSCIENCE DANS LA *PHILOSOPHIE DE LA MYTHOLOGIE* DE SCHELLING

Depuis le début de la philosophie chez les Grecs, on a l'habitude de distinguer le λόγος du mythe. Car ce début consiste précisément en ce que le λόγος se distingue du mythe, en s'opposant à lui et en l'écartant. Pourtant, à l'âge de l'accomplissement de la philosophie, dans les systèmes de l'idéalisme allemand, ce même λόγος – tendant à devenir *absolu* – se verra placé devant la tâche de *se rapporter* également au mythe et de le *comprendre,* lui également, et ce non pas pour *s'en emparer* et le *dominer* – car alors le λόγος ne serait pas véritablement *absolu* –, mais pour comprendre le mythe *comme tel, en son essence propre,* et même pour le faire apparaître en celle-ci. Or, si l'on peut parler *d'essence propre* du mythe, cela implique que celui-ci – au moins pour la conscience engagée en lui – soit quelque chose de *vrai,* et qu'il soit donc une *figure de la vérité.* La tâche qui se présente pour le λόγος – c'est donc de comprendre *le mythe comme une telle figure de la vérité.* Cette tâche, c'est Schelling qui l'a faite sienne dans ses cours sur *La philosophie de la mythologie.* Le titre l'indique déjà lui-même. Schelling de dire :

> Der Ausdruck "Philosophie der Mythologie" setzt die Mythologie im voraus in eine Klasse von Gegenständen, die nicht bloß zufällig, nicht etwas bloß Gemachtes, Factices *(factitii quid)* sind, sondern die mit einer Art von Notwendigkeit existieren. Denn, z. B. wenn ich sage: Philosophie der Natur, so setze ich damit eine gewisse Notwendig-

keit der Natur voraus. Ebenso, wenn ich sage : Philosophie der Geschichte, Philosophie des Staats, Philosophie der Kunst. Obgleich es scheint, daß der Staat etwas von Menschen Gemachtes sei, die Kunst etwas unleugbar von Menschen Ausgeübtes ist, so setze ich doch voraus, daß dem Staat sowohl als der Kunst eine von der Willkür der Menschen unabhängige Realität zukomme, daß in beiden noch andere Mächte walten als menschliche Willkür, oder daß diese wenigstens in beiden noch einem höheren Gesetz und einem über sie selbst erhabenen Prinzip unterworfen seien. Wir wollen, um den allgemeinsten Ausdruck zu wählen, sagen : In jedem Gegenstand, mit dem der Begriff der Philosophie auf die angezeigte Weise in Verbindung gesetzt wird, müssen wir eine Wahrheit voraussetzen : er darf nichts bloß Gemachtes, Subjektives, er muß ein wahrhaft Objektives sein, wie z. B. die Natur ein Objektives ist. Sprechen wir also von der Philosophie der Mythologie, so müssen wir auch der Mythologie objektive Wahrheit zuschreiben [1].

L'expression "philosophie de la mythologie" place la mythologie d'emblée dans une classe d'objets qui ne sont pas purement contingent, pas quelque chose de purement inventé (etwas bloß Gemachtes), de purement factice (Factices, *factitii quid*), mais qui existent avec une sorte de nécessité. En effet, quand je dis par exemple "philosophie de la nature", je présuppose par là une certaine nécessité de l'existence de la nature. Il en est de même quand je dis : philosophie de l'histoire, philosophie de l'état, philosophie de l'art. Bien qu'il semble que l'état soit un produit de l'homme *(etwas vom Menschen Gemachtes)*, bien que l'art soit indéniablement quelque chose qui est exécuté par l'homme, je pré-

1. F. W. J. SCHELLING, Ausgewählte Werke ; *Philosophie der Mythologie. Zweiter* Band, Darmstadt, 1966 ; *Erstes* Buch, *Der Monotheismus,* p. 3.

L'enjeu de la *Philosophie de la Mythologie* de Schelling consiste donc bien en ce que le λόγος va comprendre le mythe comme une figure de la vérité. Cet enjeu, Karl-Heinz VOLKMANN-SCHLUCK l'a mis en relief dans son livre : *Mythos und Logos. Interpretationen zu Schellings Philosophie der Mythologie.* De Gruyter, Berlin, 1969. Dans cette perspective, il y a retrace, de façon succincte et cohérente, le mouvement essentiel de la *Philosophie de la Mythologie* de Schelling. Notre contribution est issue d'une relecture de la *Philosophie de la Mythologie* à l'aide de ce livre.

suppose néanmoins qu'à l'état aussi bien qu'à l'art revienne une réalité qui est indépendante de la volonté de l'homme, qu'ils sont encore régis par d'autres puissances que la volonté humaine, ou que celles-ci soient au moins encore assujetties à une loi supérieure et à un principe qui s'élève au-dessus d'elles. Pour choisir l'expression la plus générale, nous dirons que, pour chaque objet avec lequel nous lions le concept de philosophie de la manière indiquée, il nous faut présupposer une vérité; cet objet ne peut pas être quelque chose de purement inventé, de subjectif *(etwas bloß Gemachtes, Subjektives)* ; il doit être quelque chose de véritablement objectif, comme la nature par exemple est quelque chose d'objectif. Si nous parlons donc de philosophie de la mythologie, nous devons alors attribuer également à la mythologie une vérité objective [1].

Pourtant, la mythologie, telle qu'elle apparaît communément, semble bien contredire cette conception : loin de se présenter comme de la vérité, la mythologie semble bien plutôt être un « monde de pures fables » (« eine reine Fabelwelt »), « de la pure fiction » (« reine Erdichtung ») [2]. D'autre part, l'*universalité* de la mythologie, son existence chez tous les peuples du monde, ainsi que l'existence de *certains traits communs* – qu'on a connus au temps de Schelling grâce à l'œuvre de Friedrich Creuzer *La Symbolique et la Mythologie des peuples anciens, en particulier des Grecs* [3], auquel Schelling se rapporte – cette universalité et ces traits communs indiquent que la mythologie ne peut pas relever de la pure « invention subjective », mais qu'elle doit bien être un *phénomène objectif de la conscience en général.*

Comment Schelling va-t-il procéder pour comprendre et élucider la mythologie comme une figure *de la vérité* ? Schelling de dire :

1. C'est nous qui traduisons.

2. *Philosophie der Mythologie,* II, 1. p. 4.

3. Friedrich CREUZER, *Symbolik und Mythologie der alten Völker, besonders der Griechen,* 1ère édition 1810 *sqq.* Schelling se réfère en particulier à la deuxième édition, 1819-1823 (cf. *Philosophie der Mythologie.* Erster Band, *Einleitung in die Philosophie der Mythologie,* Darmstadt, 1966 ; Erstes Buch, *Historisch-kritische Einleitung in die Philosophie der Mythologie,* p. 89. Cf. également pp. 226-227).

> [...] Wir haben sie [die Mythologie] für ein in seiner Art ebenso reales, notwendiges und allgemeines Phänomen erkannt, als es die Natur ist. Der theogonische Prozeß, in dem sie entsteht, erfolgt nicht nach einem besonderen Gesetz des Bewußtseins, sondern nach einem allgemeinen, wir können sagen, *Weltgesetz* – er hat kosmische Bedeutung ; sein Inhalt ist daher ein allgemeiner, seine Momente sind wahrhaft objektive Momente [...]. Der theogonische Prozess ist selbst ein allgemeiner Begriff, d. h. dem auch unabhängig von dem menschlichen Bewußtsein und dem ausser demselben Bedeutung zukommt[1].

> [...] Nous avons reconnu que la mythologie est, en son genre, un phénomène aussi réel, nécessaire et universel que la nature. Le processus théogonique, par lequel elle se produit, ne suit pas une loi particulière de la conscience uniquement, mais une loi universelle, nous pouvons dire : une loi du *monde* – il a une signification cosmique ; le contenu de ce processus est donc d'ordre universel, ses moments sont des moments véritablement objectifs [...]. Le processus théogonique est lui-même un concept universel, c'est-à-dire un concept qui a également une signification indépendamment de la conscience humaine et en dehors de celle-ci.

Pour comprendre et élucider la mythologie comme figure de la vérité, Schelling procède donc de la façon suivante. Si la mythologie est bien un processus *théogonique* – comme l'atteste entre autres la *Théogonie* d'Hésiode avec sa succession de différentes générations de dieux –, et si ce processus théogonique est bien un phénomène de la *conscience,* ce processus n'est pas pour autant un phénomène purement *subjectif,* mais il a également une signification *objective, en dehors de la conscience.* En effet, la loi, selon laquelle ce processus théogonique se produit à l'intérieur de la conscience, n'est pas, selon Schelling, une loi particulière du processus de la seule conscience – comme dans les systèmes de l'idéalisme transcendantal –, mais une *« loi universelle »* du processus du monde dans son ensemble. Le processus théogonique

1. F. W. J. SCHELLING, Ausgewählte Werke ; *Philosophie der Mythologie*, *zweiter* Band, Darmstadt, 1966 ; *erstes* Buch : *Der Monotheismus,* p. 4.

a donc une « signification cosmique » : il est tout d'abord le processus de *la nature.* Ainsi, si ce même processus théogonique se produit également dans la conscience, il a bien alors, dans celle-ci, une signification objective. En ce sens, la mythologie sera une *figure de la vérité.*

Pour comprendre ces thèses de Schelling, il convient d'accomplir deux tâches :

1) rappeler en quoi consiste le processus théogonique comme processus de la nature ;

2) retracer ce même processus théogonique en tant qu'il se produit – comme processus de la mythologie – dans la conscience.

Procédons à ces taches l'une après l'autre.

1) LE PROCESSUS THÉOGONIQUE COMME *PROCESSUS DE LA NATURE.*

Nous nous limitons aux traits les plus essentiels, et ce en suivant les indications qu'en donne Schelling lui-même dans le premier livre de sa *Philosophie de la mythologie,* intitulé : *Le monothéisme.* Schelling procède en deux temps : *a)* dans un premier temps, il établit le *concept* de Dieu, *b)* dans un second temps, il procède à *l'actualisation* de celui-ci, – actualisation qui revient au processus théogonique de la *nature.*

a) Le concept de Dieu

Nous ne pouvons pas éviter de nous servir ici d'un langage techniquement philosophique. Car, pour déterminer le concept de Dieu, Schelling va renouer avec l'ontologie traditionnelle, avant tout aristotélico-scolastique, mais investie des structures modernes de la cogitation. – La question est donc de savoir en quoi consiste le concept de *Dieu* [1]. Schelling part du fait suivant : quand on dit : *« Dieu est »,* on pense d'emblée qu'il n'y a qu'*un* Dieu, – que Dieu est donc *unique* et qu'il n'a pas d'égal. La question est donc de savoir ce qui n'a pas d'égal. Or, la seule chose qui correspond à cette notion, c'est – comme le dit Schelling en renouant avec Platon et Aristote « das Seiende selbst » – αὐτὸ τὸ Ὄν – ipsum ens – l'étant lui-même. Car l'étant lui-même est

1. Cf. pour ce qui suit : *Philosophie der Mythologie,* II, 1, p. 24 *sq.*

commun à tout ce qui est, de sorte qu'en dehors de lui, il n'est plus rien. L'étant lui-même n'a donc pas d'égal. Ainsi, Dieu est bien, dans un premier temps, *l'étant lui-même*. Mais il sera plus. Car *l'étant lui-même* – qui est un concept et même le concept le plus universel, le concept des concepts – cet étant lui-même, comme tel, n'est que ce qui *peut* être, tout comme une maison, présente uniquement en son concept, n'est que ce qui *peut* être, – sans qu'elle *soit* pour autant. Si donc Dieu n'était que l'étant lui-même, il ne serait que ce qui *peut* être, la pure *possibilité* d'être sans *être,* sans acte. Pourtant, la notion ὄν – ens – implique que cet ὄν, cet *ens,* soit également de l'ordre de *l'être,* de *l'acte* [1]. Cet *être* est donc le deuxième moment du concept de Dieu.

Il convient de préciser maintenant les deux moments de Dieu l'un par l'autre [2]. Or, – pour commencer par le premier moment – l'étant lui-même se *distingue* de l'être ; il est libre de lui, en dehors de lui, *au dessus* de lui : il est ce qui, librement, *peut* être ou ne pas être ; il est donc le *« pouvoir* d'être ou de ne pas être » – « die Macht zu sein oder nicht zu sein » [3]. D'autre part, l'étant lui-même *doit* également *être,* et ce par lui-même, sans médiation par un tiers, puisqu'en dehors de l'étant lui-même, il n'est plus rien. Or, ce qui, seul, peut passer immédiatement à l'être, à l'acte, c'est la *volonté :* pour la volonté, il est *naturel* de vouloir. Elle passe spontanément au vouloir. Dieu, l'étant lui-même, est donc *volonté.* Mais il doit rester en même temps le *pouvoir* d'être – die *Macht* zu sein. La volonté ne passera donc pas, chez lui, toujours et sans autres à l'acte, mais elle sera tout d'abord une *« volonté en repos » (« ruhender Wille »)* [4]. C'est à partir d'ici que le deuxième moment du concept de Dieu, *l'être,* va se préciser également. En effet, si Dieu, en son premier moment, n'est que pur *pouvoir* d'être – sans *être* du tout – alors il faut qu'il soit, en son deuxième moment, pur *être,* sans *pouvoir* d'être. De même donc que Dieu, en son premier moment, n'est que pur *pouvoir* d'être, sans *être* – soit : pur *subjectum* – et ce d'ailleurs aussi bien

1. *Ibid*., p. 55.
2. *Ibid*., II, 1, p. 33 *sqq*. et p. 49 *sqq*.
3. *Ibid*., II, 1, p. 33 et p. 54 *sq*. (P. 33 « eine lautere Freiheit zu sein oder nicht zu sein ». P. 54 « die Macht zu sein »).
4. *Ibid*., II, 1, p. 36 et p. 51.

au sens ancien de ὑποκείμενον qu'au sens moderne de *sujet* – pur *subjectum* qui, comme tel – comme fondement et pouvoir d'être – demeure en *latence,* qui ne se manifeste, ne s'extériorise, ne s'objective pas, – de même Dieu, en son second moment, n'est que pur *être,* sans *pouvoir* d'être, sans *subjectivité,* – un être donc qui n'est que manifestation, extériorisation : pure objectivité. Schelling de comparer ce pur être à la « bonté débordante d'un être qui est incapable de se refuser » (à la « überfließende Güte eines sich nicht versagen könnenden Wesens »)[1]. Pourtant, aucun de ces moments, pris isolément, ne saurait épuiser le concept de Dieu. Dieu – le ὄν, le ens – ne saurait être ni pur pouvoir d'être, ni pur acte d'être uniquement. Mais il ne peut être que ces deux moments dans leur ensemble : *pur pouvoir* d'être qui, *comme tel,* est *pur être.* Schelling de l'exprimer ainsi :

> Wir wollen also das *Subjekt,* das als *solches,* und ohne daß es *aufhört,* Subjekt, d. h. lautere Macht, zu sein, *Objekt* ist, und wir wollen das *Objekt,* das darum, daß es Objekt – *seiend* – ist, nicht aufhört, Subjekt, lautere Macht, potentia pura existendi, zu sein[2].

> Nous cherchons le *sujet* qui, comme *tel,* sans cesser d'être sujet, c'est-à-dire pur pouvoir d'être, est *objet,* et nous cherchons l'*objet,* qui, du fait qu'il est objet – *être* – ne cesse pas d'être sujet, pur pouvoir, potentia pura existendi.

Or, ce qui demeure *sujet, pouvoir* d'être, dans son objectivation, dans son extériorisation même, c'est *l'esprit,* der Geist. Car l'esprit est précisément ce qui est *« chez soi » (« bei sich »),* c'est-à-dire qu'il est ce qui, dans l'*hors de soi,* demeure *en soi*[3].

1. *Ibid.*, II, 1, p.51.
2. *Ibid.*, II, 1, p.55. Nous avons inséré une ponctuation moderne.
3. *Ibid.*, II, 1, p.57 : « *Bei*-sich-sein heißt im *ausser*-sich-Sein *an sich* (in seinem Wesen) bleiben und bestehen, sein *An-sich,* sein Wesen, sein Selbst nicht verlieren im *ausser*-sich-Sein. Für dieses sich selbst Besitzende, bei-sich-Bleibende, das im Actus Potenz, im Sein Macht zu sein bleibt, hat nun aber die Sprache kein anderes Wort als *Geist*. Dem Geist allein ist es gegeben, im Actus Potenz, im Wollen Quelle des Wollens, d.h. Wille zu bleiben, und umgekehrt, lauterer *Wille* zu sein, indem er wollend ist ».

« Être-*chez*-soi [= être en possession de soi] veut dire rester *en soi* (en son essence) dans l'être-*hors*-de-soi et se maintenir, ne pas perdre son *en soi,*

L'esprit – en se manifestant, en s'extériorisant, en s'objectivant – ne se perd pas ; il demeure sujet. L'esprit est donc le troisième moment de Dieu. C'est avec lui que le mouvement de l'engendrement du concept de Dieu s'accomplit. Car c'est avec lui qu'est atteinte la pleine notion de *l'étant : l'étant lui-même,* qui, comme tel, *est.* Mais cette fin, on ne peut l'atteindre que par le mouvement tout entier. Le concept de Dieu ne se résume donc pas au troisième moment ; mais il implique le mouvement tout entier. Dieu est la totalité des trois moments dans leur unité indissoluble. Il est l'Un qui est tout : l' « Uni-Total » (*der All*-Eine) [1]. C'est par là que nous avons établi le concept de Dieu.

Mais ce concept n'épuise pas Dieu. Car – et ici revient le même argument qu'avant, mais à un stade plus avancé – Dieu, pour autant qu'il n'est présent qu'en ce concept, n'est pas encore présent *actuellement.* Il faut donc actualiser le concept de Dieu. Ou bien : il faut que Dieu, présent en son concept, *s'actualise.*

b) Actualisation du concept de Dieu.

Vu que Dieu, conformément à son concept, est essentiellement *sujet en latence,* soit *volonté en repos,* cette actualisation n'est possible que par l'acte d'une *décision libre* [2]. Il faut donc que la volonté divine, par un acte libre, s'actualise et devienne vouloir effectif. Or, dans la mesure ou la volonté s'élève ainsi en actualité, cette volonté – qui était d'abord en repos et ainsi le sujet pour le deuxième moment, le pur être – cesse d'être le sujet pour celui-ci et devient le sujet pour sa propre actualité. Le premier moment, le sujet, se refuse donc au deuxième moment, l'objectivité pure, et l'*exclut* de lui-même. Par là, le deuxième moment, la pure objectivité, pour ne pas se perdre et cesser d'être – est obligé de devenir lui-même le *sujet* pour son être, de sorte qu'il n'est plus *pur être,* sans subjectivité, mais devient une *puissance* « auto-

son essence, son Moi, dans l'être-*hors*-de-soi. Pour cela qui se possède lui-même, qui reste chez soi, qui, dans l'acte, reste puissance et dans l'être, pouvoir, pour cela, le langage n'a pas d'autre mot que *« esprit ».* Ce n'est qu'à l'esprit qu'il est donné de rester « potentia » dans l'« actus », source du vouloir dans le vouloir, c'est-à-dire de rester volonté, et inversement d'être pure *volonté* tout en étant vouloir. »

1. *Ibid.*, II, 1, p. 60.
2. *Ibid.*, II, 1, p. 84.

nome », « eine *selbst*ständige Potenz »[1] – en possession de soi. Mais vu que cela est en contradiction avec sa nature originelle, telle qu'elle est présente dans le concept divin, le deuxième moment – pour rétablir son essence – va renvoyer activement le premier moment à la pure potentialité en laquelle il ne sera à nouveau plus que volonté en repos. Or, dans la mesure où la première puissance se trouve ainsi renvoyée en repos, c'est le troisième moment, l'esprit, qui va reprendre l'actualité, – pour qu'il y ait toujours actualité, et actualité en possession de soi. Reprenant ainsi l'actualité, l'esprit – le moment qui, hors de soi, est en soi – existe dès lors actuellement. C'est avec lui que le mouvement de l'actualisation de Dieu s'accomplit. Pourtant, l'actualité de l'esprit, qui n'est qu'*un* moment de Dieu, n'est pas encore l'actualisation de Dieu lui-même, comme l'*Un* qui est *tout,* comme l'Uni-Total. En tant que Dieu est ainsi cet Un qui est tout, il ne pourra s'actualiser, comme cet Uni-Total, que dans la mesure où, libre de chacune de ses puissances, il s'actualisera librement dans toutes à la fois. C'est alors – et alors seulement – qu'il a pleinement actualisé son essence. En effet, Dieu, en son unicité, ne saurait s'actualiser parfaitement que par le *surpassement* – Überwindung – effectif de *toute* séparation. Car toute essence, quelle qu'elle soit, ne peut s'actualiser effectivement que dans la mesure où elle surpasse – effectivement – ce qui lui *résiste.* Ainsi, Dieu, en l'*unité* de son essence, ne pourra s'actualiser, lui également, que dans la mesure où il surpasse *effectivement* la *séparation* actuelle de ses propres puissances. Or, une chose qui, par son essence, est *une,* mais qui, comme telle, ne peut s'actualiser que par le surpassement d'une séparation actuelle, une telle chose ne peut s'actualiser que *progressivement* au travers d'un *processus.* Dieu – étant, en son essence, l'*Un* qui est tout – ne pourra s'actualiser comme tel que progressivement au *travers d'un processus theogonique*[2].

Or, ce processus théogonique, tel que nous venons de le développer, revient au processus de la nature. Qu'il en soit bien ainsi, Schelling de le montrer, en se contentant – dans le cadre de la *Philosophie de la Mythologie* – d'identifier chacune des trois

1. *Ibid.*, II, 1, p. 85.
2. *Ibid.*, II, 1, p. 91.

puissances avec l'une des causes « formelles » des choses de la nature [1]. Pour voir comment cette identification se produit, reprenons les trois puissances, en leurs rapports réciproques.

La première puissance, dans la mesure ou elle s'actualise, – étant alors hors de soi – n'est plus qu'un vouloir actuel, sans pouvoir proprement dit sur elle-même, sans subjectivité proprement dite, sujet uniquement pour lui-même : un *se* vouloir aveugle. Ainsi, dans la mesure où elle n'existe alors plus que de cette façon, elle est destinée à être renvoyée, par la deuxième puissance, à son statut originaire : être le *subjectum*, en latence, pour celle-ci, de sorte que cette première puissance en son actualité, *est ce qui ne doit pas être.* En ce sens, elle s'avère être de l'ordre de la *matière* ou *cause matérielle.* La deuxième puissance par contre, l'objectivité comme puissance active autonome, dans la mesure où elle renvoie la première puissance à son statut de *subjectum* – et ce en se la subordonnant, en la déterminant et en la transformant – s'avère être la *cause efficiente.* La troisième puissance – l'unité du sujet-objet comme *tout* synthétique actuel, comme σύνολον, qui, évidemment, est un certain produit naturel – cette troisième puissance où tout synthétique actuel, dans lequel le processus s'accomplit et prend fin, est le *τέλος* ou *cause finale* [2]. À chaque étape du processus va naître un nouvel être de la nature. Ainsi, le processus théogonique s'avère être le *processus de la nature.* Or, quand la première puissance est enfin complètement *renvoyée à* elle-même, pour être à nouveau *subjectum – subjectum* cette fois de l'esprit actuel ou même de Dieu comme l'Un qui est tout, comme Uni-Total –, c'est alors que naît, comme dernier produit de la nature, cet être qui a *conscience* de son être : l'homme. Car le mouvement essentiel de cet être qui a conscience de son être est précisément le *renvoi* à soi – la « réflexion » – dans

1. *Ibid.*, II, 1, p. 112. Nous avons formé la formule « causes formelles » en analogie avec la formule « dieux formels » qui se trouve II, 2 : p. 188. (Cf. notre contribution p. 151). Les puissances divines interviennent comme les causes « formelles » des produits de la nature, dans la mesure où elles sont les causes les plus universelles dans toutes les productions de la nature.

2. Schelling suit ici la doctrine aristotélico-scolastique des quatre causes. La *causa formalis* se trouve implicitée aussi bien dans la deuxième puissance en tant qu'elle trans-*forme* la première, que dans la troisième puissance en tant qu'elle est le tout synthétique de la *forme* et de la matière.

la conscience de soi. Conformément à sa genèse à partir du processus théogonique de la nature, cette conscience est essentiellement conscience de l'*étant,* soit : de Dieu comme *Uni-Total.* La conscience ne *vient* donc pas à Dieu, mais, par sa nature même, elle est toujours déjà conscience de Dieu. Schelling de l'exprimer ainsi :

> [Das menschliche Bewußtsein] ist in seiner reinen *Substanz,* d. h. vor allem Actus ... das ... Gott-Setzende [1].

> [La conscience humaine] est dans sa pure *substance,* c'est-à-dire avant tout acte, ... ce qui pose Dieu.

Or, c'est avec cette conscience, ainsi déterminée, qu'est donnée la possibilité d'un second processus théogonique, processus qui se déroulera cette fois dans la conscience et qui sera le processus de la mythologie ou du polythéisme successif.

2) LE PROCESSUS THÉOGONIQUE COMME *PROCESSUS DE LA MYTHOLOGIE*

Jusqu'ici, la conscience n'est conscience de Dieu que par sa seule nature. Elle n'est présence de Dieu – ou : Dieu n'est présent en elle – que substantiellement. La conscience est plongée en lui sans acte – : elle est *volonté en repos.* Mais la conscience, comme cette volonté précisément, peut s'élever en acte et devenir de nouveau un *vouloir actuel.* Que se produit-il quand elle s'élève effectivement en un nouveau vouloir ? C'est évidemment le même processus théogonique qu'auparavant, toutefois avec cette différence que ce processus aura lieu maintenant dans la conscience. Les produits de ce processus ne seront donc plus des produits de la nature, mais des *produits de la conscience,* c'est-à-dire qu'ils seront des *représentations.* Mais ce processus ne sera pas pour autant d'ordre purement subjectif ou *idéal,* mais il sera bien d'ordre objectif, *réal.* Car ce sont les mêmes puissances divines que celles qui ont produit le processus de la nature qui produisent désormais le processus analogue dans la conscience. Cela veut dire que les représentations engendrées dans la conscience ne

1. Cf. *Philosophie der Mythologie,* II, 1, p. 119.

seront rien d'autre que ces *puissances divines* en leurs diverses constellations et modifications. On comprend donc que ces représentations seront alors d'ordre *réal.* Et l'on comprend aussi que le processus réengagé dans la conscience sera alors un processus *théogonique* de l'ordre du *polythéisme.* Car les représentations dans la conscience ne sont rien d'autre – nous l'avons dit – que la présence des puissances divines en leurs diverses constellations. Schelling de dire :

> [Die Vorstellungen] mußten [der in ihnen befangenen Menschheit ...] als objektiv-wahre erscheinen, ... weil der erzeugende Grund dieser Vorstellungen das *objektiv* oder *an sich,* theogonische Prinzip ist, wodurch es eben geschieht, daß das Bewußtsein seine eigene Bewegung als Bewegung Gottes empfindet [1].
>
> [Les représentations] ont dû apparaître [à l'humanité ... prise par elles] comme des représentations objectivement vraies ... puisque le fondement qui les engendre est le principe qui est *objectivement* ou *en soi* théogonique, – d'où provient justement que la conscience ressent son propre mouvement comme mouvement de Dieu.

Mais si le processus mythologique n'est rien d'autre que le processus de la nature reproduit au niveau de la conscience, il s'en distingue néanmoins par son *début* : le processus de la nature avait pour début une décision libre de la volonté divine ; le processus de la conscience aura pour début un *acte originaire* de cette conscience elle-même. Or, vu que la conscience originelle, par sa genèse même, est bien déjà la *présence actuelle* de Dieu comme l'Uni-Total, la question se pose de savoir pourquoi la conscience va commettre cet acte – acte par lequel l'unité des trois puissances divines sera de nouveau abolie de sorte que Dieu lui-même ne sera plus présent dans la conscience. Schelling de l'expliquer de la façon suivante [2]. Certes, la conscience humaine, dans la mesure où elle est, conformément à sa genèse, volonté en repos, soit : *subjectum* de la Divinité, est bien la présence de cette dernière ; elle

1. *Ibid.*, II, 1, p. 130.
2. Cf. pour ce qui suit, *Philosophie der Mythologie,* II, *Zweites Buch, Die Mythologie,* p. 141.

est plongée dans celle-ci. Mais dans la mesure où cette même conscience, comme cette même volonté en repos, est – à l'instar du premier moment dans le concept de Dieu – ce qui a la puissance sur lui-même, cette conscience *peut* néanmoins se *soulever en acte* et devenir le *contraire* d'elle-même : actualité d'un se vouloir aveugle, avec toutes les conséquences que nous venons d'indiquer. Ainsi, vu que cette possibilité de la surrection se trouve donnée en latence dans la conscience, cette conscience, dans son essence originelle, recèle une *ambiguïté*. Or, cette ambiguïté ne peut et ne *doit* pas rester. Schelling de dire :

> Diese Zweideutigkeit darf ... nicht bleiben, sie *muss* entschieden werden. Sie darf nicht bleiben, sage ich, und spreche damit gleichsam ein Gesetz aus, das verbietet daß etwas in der Unentschiedenheit verharre, ein Gesetz, das fordert, daß nichts verborgen bleibe, alles offenbar werde, alles klar bestimmt und entschieden sei, damit jeder Feind überwunden und so erst das vollkommen beruhigte Sein gesetzt werde. In der Tat eben *dies* ist das alleinige, das höchste über allem schwebende Weltgesetz [1].

> Cette ambiguïté ne doit ... pas durer, elle *doit* être écartée par une décision. Je dis : elle ne doit pas durer, et j'énonce par là, pour ainsi dire, une loi, qui défend que rien ne reste indécis, une loi qui exige que rien ne demeure latent, que tout devienne manifeste, que tout soit clair, déterminé et décidé, pour que tout ennemi soit surpassé et qu'ainsi soit enfin posé l'être parfaitement apaisé. En effet, c'est là justement l'unique et suprême loi du monde, loi qui se meut au-dessus de tout.

Ainsi, l'ambiguïté de la conscience originelle – consistant en ce qu'elle est bien d'une part, comme volonté en repos, la présence de Dieu lui-même, mais que d'autre part, comme cette même volonté en repos, elle recèle en elle, de façon latente, la

1. *Ibid.*, II, 2, p. 142. K.-H. VOLKMANN-SCHLUCK interprète cette loi suprême du monde comme expression de l'essence de la « vérité » telle qu'elle régit la pensée occidentale à partir de ses débuts chez les Grecs. Elle est, selon lui, l'expression de l'ἀλήθεια ancienne, en tant qu'elle s'est transformée en la *certitude* moderne. Cf. op. cit., p. 86 *sq.* et p. 112 *sqq.*

possibilité de pouvoir se soulever de nouveau – cette ambiguïté de la conscience ne doit pas rester. Elle doit être écartée par un acte de décision de la part de la conscience. Or, pour que la conscience puisse se décider, il faut au moins que cette *possibilité* lui soit *montrée*. L'instance qui la lui montre sera d'ailleurs – selon Schelling – la loi suprême du monde elle-même, puisque c'est elle qui exige que tout soit clair et bien déterminé. Or, cette loi ne va certes pas montrer à la conscience la possibilité en question, celle de se soulever en actualité, pour qu'elle y succombe, mais pour qu'elle l'écarte et soit ainsi, par un acte décidé, en toute détermination, actuellement, *conscience* de Dieu lui-même. Pourtant, la possibilité, quand elle sort de sa latence dans la volonté en repos, demeure toujours affectée par cette dernière, de sorte qu'elle présente l'apparence que la conscience, même si elle se décidait pour elle, pourrait toujours et encore demeurer la volonté originelle en repos et, comme telle, la présence de Dieu lui-même. Ainsi, la possibilité en question agit comme une *magie trompeuse* sur la conscience : elle est la *tentation originaire*[1]. La *décision* actuelle pour cette possibilité demeure néanmoins affaire d'un acte libre de la conscience. Cet acte n'est plus à fonder par rien d'autre. On ne peut que dire qu'il a eu lieu, – et ce rétrospectivement, à partir du *factum* du *mouvement* dans lequel la conscience s'est vu dès lors emporter, mouvement qui est celui de l'histoire tout entière, et d'abord celui du processus mythologique[2]. Pour la conscience elle-même qui *commet* cet acte, ce mouvement est imprévu et imprévisible. Car avant cet acte lui-même, la conscience n'est pas encore une conscience *actuelle* qui a effectivement conscience d'elle-même. Elle ne peut donc pas *connaître* les conséquences qu'entraînera cet acte, tout comme elle ne peut d'ailleurs pas avoir conscience de cet acte lui-même, puisque ce n'est qu'au travers de cet *acte* qu'elle *devient* conscience actuelle d'elle-même. Ce qui sera donc présent pour la conscience *actuelle,* ce ne seront que les *conséquences* de cet acte originaire, alors que cet acte lui-même va sombrer de plus en plus dans les profondeurs insondables de cette conscience actuelle ; il ne laissera que quelques traces dans la mythologie tardive à l'âge

1. *Ibid.*, II, 2, p. 148 *sqq.*
2. Cf. pour ce qui suit *Philosophie der Mythologie,* II, 2, p. 153 *sqq.*

de son accomplissement. Ainsi, les conséquences qu'implique cet acte pour la conscience vont apparaître à celle-ci comme un destin fatal, incontournable, et cela non seulement du fait que cet acte lui-même n'est pas affaire de la conscience, mais également parce que la possibilité, actualisée par cet acte, est plus ancienne que la conscience elle-même. C'est en fait cette possibilité – ou puissance – qui, bien avant la naissance de la conscience, était déjà à l'origine de la nature. Si donc la conscience a eu cette possibilité sous son pouvoir aussi longtemps que celle-ci est demeurée en latence, dans la volonté en repos elle-même, ce sera néanmoins cette possibilité qui, une fois actualisée, aura le pouvoir sur la conscience. Schelling de dire :

> ... [das verführende Prinzip] ist älter, ... darum auch mächtiger als der Mensch ...[1]
> [es ist] ihm ... nur untertan als Potenz und sofern [es] in den Schranken des blossen Könnens bleibt. Aber wenn [es] sich zu Wirklichkeit erhebt, wendet [es] sich gegen ihn selbst und zeigt ihm ein ganz anderes Antlitz, und statt ihm untertan zu sein, macht [es] vielmehr *Ihn* sich untertan, und Er ist nun vielmehr in der Gewalt dieses Prinzips[2].

> [Le principe séducteur] est plus ancien ... et donc également plus puissant que l'homme ...
> ... [il] ne lui est soumis ... que comme potentialité ("Potenz") et en tant qu' [il] demeure dans les limites du simple pouvoir être. Mais quand [il] se soulève en actualité, [il] se tourne contre lui et lui montre un tout autre visage, et au lieu d'être soumis à lui, c'est bien plutôt *Lui* qu' [il] se soumet, et c'est Lui qui est alors bien plutôt sous le pouvoir de ce principe.

En effet, cette puissance, actualisée de nouveau par la conscience, va inévitablement impliquer cette conscience dans la lutte renouvellée des puissances divines. Ces puissances – n'étant alors plus de l'ordre de la simple nature, mais de l'ordre de la conscience et donc, peut-on dire, des puissances « spirituelles » – vont se présenter à la conscience sous la forme de différents *dieux*. Ainsi, au lieu de Dieu lui-même, l'Unique, ce sont donc

1. *Ibid.*, II, 2, p.155.
2. *Ibid.*, II, 2, p. 164.

maintenant plusieurs *dieux différents* qui sont présents dans la conscience. La conscience est devenue *polythéiste.* Elle se trouve engagée dans le processus du *Polythéisme* mythologique.

Quelle est *la finalité* de ce processus ? Schelling l'a déjà indiquée de façon anticipative dans la formulation de la loi suprême du monde [1] :

> [L'] ambiguïté [de la conscience] ne doit ... pas durer ... [Il faut] ... que tout devienne manifeste ...,

et ce non pas seulement pour que la conscience soit ce qu'elle est – présence de Dieu lui-même – en toute *détermination,* comme il a semblé *d'abord,* avant l'acte de sa surrection, mais – c'est à relever maintenant –

> pour que tout ennemi soit surpassé et qu'ainsi soit enfin posé l'être parfaitement apaisé.

Il ne suffit donc pas que la conscience ne fasse que renvoyer la possibilité contraire – celle de se soulever de nouveau en actualité – ; car cette possibilité, même renvoyée, demeurerait alors toujours en latence, de sorte qu'elle pourrait toujours et encore se soulever en actualité. Mais pour qu'elle soit vaincue définitivement, il faut que la conscience la *surpasse* de façon *effective.* Or, un tel surpassement effectif n'étant possible qu'à la condition que cette possibilité soit elle-même quelque chose d'effectif, il apparaît finalement même comme *inévitablement nécessaire* que la conscience – par l'acte originaire de se soulever – s'engage dans le processus du polythéisme mythologique. Ce n'est qu'en *surpassant* effectivement la *séparation effective* des puissances divines que la conscience pourra enfin être actuellement la *présence irrévocable du Dieu unique.* Ce n'est qu'alors que « l'être parfaitement apaisé est posé ». C'est là donc la finalité du processus du polythéisme mythologique.

Nous ne pouvons pas présenter ici ce processus dans son ensemble, de la religion astrale jusqu'à la religion grecque de Zeus. Nous nous limitons à en présenter le *début* ainsi que sa *première phase* : la religion astrale.

1. Cf. p. 143 de notre contribution.

1. Le *début* du processus du polythéisme mythologique se produit – comme nous l'avons vu – par l'acte de la conscience de se *soulever* de nouveau en actualité. Mais il convient de préciser maintenant ce qui se produit par cet acte. Pour cela, considerons d'abord la *conscience originelle* en ce qu'elle est de par sa genèse même à partir du processus de la nature [1]. Or, conformément à cette genèse, la conscience est tout d'abord la *première puissance* – le *subjectum* ou volonté en repos – en tant qu'en sa surrection, elle a été renvoyée à elle-même par la deuxième puissance, l'objectivité pure, pour être, comme volonté en repos, de nouveau le sujet pour celle-ci, l'objectivité pure. *Maintenant,* quand, dans cette conscience, la première puissance se soulève de nouveau *en actualité,* elle va se refuser de nouveau, comme sujet, à la deuxième puissance, exclure donc celle-ci de la conscience. De plus – et ce de nouveau conformément à la genèse de la conscience – la première puissance, dans la mesure où, de sa surrection, elle était renvoyée à elle-même, avait bien remis l'actualité sienne à la troisième puissance, au sujet-objet, à *l'esprit.* Ainsi, quand la première puissance se soulève de nouveau en actualité dans la conscience, elle va en exclure également *la troisième puissance, l'esprit.* La conscience sera alors remplie entièrement par l'actualité de la première puissance, c'est-à-dire qu'elle sera remplie par le vouloir d'une volonté qui – en sa surrection ou actualité, *hors* de soi – n'est plus le *sub-jectum* pour aucune autre objectivité, mais qui, absorbée pour ainsi dire par cet hors de soi, n'est plus sujet que pour son vouloir sien, de sorte qu'elle n'est plus qu'un *SE vouloir* aveugle. Par là, Dieu lui-même, l'unité des trois puissances, posée dans la conscience par son essence, est donc exclu, absent de cette conscience *actuelle.* Mais Dieu ne se réduit pas à n'être présent que dans la conscience ; les puissances divines sont bien des puissances objectives qui existent également en dehors de la conscience, comme l'atteste le processus de la nature. De plus, la conscience, même dans *l'absence* actuelle de Dieu, demeure bien, sur le plan de son *essence,* ce qui pose Dieu lui-même. Ainsi, vu que ce Dieu – l'unité des trois puissances –

1. Cf. pour ce qui suit *Philosophie der Mythologie,* II, 2, p. 167 *sqq.*

persiste aussi bien en dehors de la conscience qu'à l'intérieur de celle-ci (dans la latence de son intimité profonde), cette exclusion des *deux autres puissances* de la conscience actuelle ne peut pas durer. Ces puissances tendront bien plutôt à s'actualiser, elles également, dans la conscience et à y actualiser, pour finir, leur unité absolue : Dieu lui-même. Ainsi, la conscience, dès son début comme conscience actuelle, contient-elle bien la *disposition* au processus futur du polythéisme successif. Schelling le montre d'ailleurs également de la façon suivante : la conscience, par l'acte de la surrection de la première puissance, se trouve dominée tout d'abord entièrement par celle-ci. Or, cette domination de la première puissance divine revient à la présence exclusive d'*un seul Dieu* dans la conscience et donc à la position d'un *Monothéisme.* Mais ce Monothéisme n'est pas le Monothéisme dans sa forme accomplie, *absolue* – comme il est propre à la conscience originelle – mais seulement dans une forme *relative.* Car ce Dieu tel qu'il est posé actuellement dans la conscience n'est pas *Dieu lui-même,* l'Uni-Total, mais seulement le premier Dieu à l'intérieur d'une succession possible de plusieurs dieux différents. Ainsi, la première conscience *actuelle,* dominée par ce monothéisme relatif, comporte bien en elle la *disposition* au processus du polythéisme successif. Car les puissances exclues de la conscience vont bien tendre – nous l'avons dit – à surpasser la domination exclusive de la première puissance dans celle-ci pour y rétablir finalement l'unité absolue du Dieu unique [1]. Ainsi, les autres puissances, par leur *lutte* contre la première puissance en sa domination exclusive dans la conscience, vont *exciter* le processus du polythéisme mythologique.

Pourtant, si la conscience, par la surrection de la première puissance, comporte bien la *disposition* à ce processus du polythéisme mythologique, cette conscience, à ce stade initial, n'est pas pour autant déjà engagée *dans ce processus lui-même.* Car jusqu'ici la conscience est dominée *entièrement* par la première puissance en sa surrection, de sorte que, close sur elle-même, elle ne se prête pas du tout à une quelconque action sur elle de la part

1. Schelling ne fait que rappeler ici (II, 2, p. 168) rapidement ce qu'il a montré amplement I, 1, p. 184 *sqq.*

des autres puissances. Le processus n'est donc pas encore engagé à proprement parler.

2. La question est donc de savoir – et nous passons par là à la *première phase* de ce processus, qui sera la *religion astrale* – comment la conscience, occupée exclusivement par la première puissance, peut bien devenir l'*objet possible* d'une action de la part des autres puissances, et d'abord d'une action de la part de la deuxième puissance. Or, pour que cela devienne possible, il faut que la première puissance, en sa surrection, soit tout d'abord, sinon *renvoyée* (ce qui précisément n'est pas tout de suite possible), au moins d'une certaine manière *« brisée »* (« gebrochen ») – ce qu'elle serait si elle se voyait *« déchirée »* (« zerrissen ») en des tendances contradictoires[1]. Quelles sont ces tendances ? Comment vont-elles s'introduire dans la conscience ? Pour le voir, il convient de considérer de plus près la conscience en son stade actuel : la surrection de la première puissance. Or, cette première puissance – d'abord volonté en repos ou sujet – dans la mesure où elle se soulève en un se vouloir exclusif, cesse d'être le *subjectum* à l'intérieur de l'unité du sujet-objet, de l'esprit. Elle sort donc de l'intimité du *centre* pour passer, hors de soi, à l'extériorité de la *périphérie*. Or, dans la mesure où elle se trouve maintenant hors de soi, à la périphérie, elle n'est plus le sujet qu'elle était au centre, plus le sujet à l'intérieur de l'unité sujet-objet : elle n'est plus *esprit*. Elle est devenue bien plutôt *pur et simple être,* autrement dit : elle s'est, à vrai dire, à sa façon déjà *« matérialisée »*[2]. Elle pourrait donc bien devenir le ὑποκείμενον pour la deuxième puissance. Pourtant, c'est à cette matérialisation précisément qu'elle *s'oppose*. Elle ne veut pas encore la reconnaître, mais attachée à sa position originelle, celle du centre – elle cherche à y retourner et être donc toujours esprit. Ainsi, si la deuxième puissance veut réussir à se la soumettre et la transformer donc actuellement en une « matière », en un ὑποκείμενον, pour elle-même, elle doit d'abord *l'expulser* du centre pour qu'elle se *« matérialise »* définitivement. Or, c'est par là que la

1. Cf. *Philosophie der Mythologie,* II, 2, p. 172 et p.178.

2. *Ibid.*, II, 2, p. 171 *sq*. Pour le double sens de cette « matérialisation » cf. II, 2, p. 182.

première puissance se trouve saisie par un double mouvement, en soi contradictoire : d'une part *expulsée* toujours à nouveau du centre, elle cherche d'autre part à y retourner sans cesse. Ainsi, *déchirée* par ce mouvement contradictoire, la première puissance, dans l'exclusivité de sa surrection, se trouve en fait *brisée*. Or, ce double mouvement contradictoire de la première puissance dans la conscience – consistant à être toujours à nouveau expulsée du centre et à y retourner sans cesse – se présente à la conscience – transportée hors de soi dans la surrection de la première puissance – comme un *mouvement spatial circulaire,* mouvement qui se montre phénoménalement dans le *mouvement circulaire des astres.* La première religion de la conscience actuelle est donc la *religion astrale.* En elle, la conscience se trouve transportée extatiquement vers le mouvement circulaire des astres, mouvement qui représente pour elle la première puissance divine et, en ce sens, Dieu [1]. Ce *monothéisme relatif* de la religion astrale est la *première phase* du polythéisme successif. Car c'est avec le mouvement circulaire – celui de l'alternance entre expulsion du centre et retour vers celui-ci – que la première puissance, d'abord en surrection exclusive, est devenue susceptible d'être *« matérialisée »,* c'est-à-dire transformée par la deuxième puissance en le *subjectum* pour son actualité pure. Pourtant, au stade actuel de la religion astrale, cette matérialisation ou *transformation* n'a pas encore lieu.

Ainsi, l'être divin n'apparaît encore sous aucune forme déterminée, concrète, sans aucune diversité, mais bien, comme l'exprime Schelling :

> als das Eine, überall sich selbst gleiche, wüste, leere Sein [2].
>
> comme l'Être qui, Un, partout égal à lui-même, est sans forme et vide.

Comme tel, cet être divin n'offre pas à la conscience humaine un *lieu* spécifique où *séjourner.* L'humanité, à l'époque de la religion astrale, ne s'est pas encore divisée en peuples séjournant

1. *Ibid.*, II, 2, p. 174.
2. *Ibid.*, II, 2, p. 173.

chacun, sous son dieu, en des lieux différents. L'homme, extatiquement transporté vers le ciel, est encore un étranger sur la terre. L'humanité, faisant encore *un*, erre sur la terre sans domicile. La religion astrale implique, comme forme de la vie humaine, le *nomadisme*.

* * *

Venons-en à un *rapide aperçu final* sur le développement qui suivra [1]. L'état préhistorique de la religion astrale ne va pas durer. Cet état – vu que la première puissance s'y est déjà matérialisée, qu'elle le veuille ou non – est alors, comme l'exprime Schelling, la « matière » – der « Stoff » [2] – pour les peuples futurs, dont chacun va apparaître quand son moment, son dieu, est venu dans le processus du polythéisme mythologique. Les trois puissances divines, dans la mesure où elles sont – par leurs diverses constellations – les causes originaires de ce processus du polythéisme, ces trois puissances seront alors – comme l'exprime Schelling – les « dieux originaires » (die « Ur-götter »), ou bien les *« dieux formels »* [3] qui – tout comme ces mêmes puissances avaient produit les corps matériels, à titre de « causes formelles » lors du processus de la nature [4] – vont produire par leur union, dans le processus de la conscience, les *divinités concrètes matérielles* (konkrete « materielle Gottheiten ») [5]. Le processus du polythéisme mythologique se produira alors de la façon suivante : La première puissance sera surpassée progressivement, en sa surrection, par la deuxième puissance, de telle sorte que la conscience, d'abord extatiquement hors de soi, se verra ramenée progressivement à elle-même, à son essence originelle. L'homme

1. Nous suivons ici le résumé qu'en donne K.-H. VOLKMANN-SCHLUCK, op. cit., p. 100-102. Cf. également l'ébauche anticipative que présente Schelling du développement ultérieur, *Philosophie der Mythologie*, II, 2, p. 266.
2. *Ibid.*, II, 2, p. 188.
3. *Ibid.*
4. Cf. p. 146 *sq.* de notre contribution.
5. Cf. *Philosophie der Mythologie*, II, 2, p. 188.

se verra progressivement renvoyé à lui-même et prendra son séjour sur la terre. Et ce sera exactement dans la mesure où la deuxième puissance va surpasser la première – en la renvoyant effectivement à sa place de sujet – que la troisième puissance, l'esprit, va apparaître et reprendre à la première puissance l'*actualité* que celle-ci vient d'abandonner. Les différentes figures du polythéisme mythologique seront les moments de ce processus – moments qui seront autant de phases transitoires et de séjours pour la conscience mythologique. Le dernier moment de ce processus sera la *mythologie grecque.* C'est le moment où la première puissance, en sa surrection, est en train de s'effondrer et de se recentrer effectivement, de sorte qu'à sa place, l'*esprit* est *en train* de se lever de nouveau dans la conscience. Ainsi – vu que ces deux processus ne sont ici encore qu'en cours, vu donc que la surrection de la première puissance n'est pas encore surpassée complètement, – l'esprit n'apparaît encore dans cette conscience que comme *une puissance* parmi d'autres. Zeus – le représentant de l'esprit – n'est en fait qu'un dieu parmi les autres, de telle sorte pourtant qu'il les domine tous [1]. La liberté propre à l'esprit (qui est bien ce qui, hors de soi, est en soi – ou : ce qui est « chez soi ») libère la conscience du pouvoir qu'avait jusqu'ici exercé sur elle la Mythologie, de sorte qu'elle permet dès lors à l'homme de se rapporter à elle de façon libre [2]. Elle apparaît alors à la lumière de la *beauté* et devient l'objet des Beaux-Arts. Pourtant, la véritable libération d'avec le polythéisme mythologique n'aura lieu – selon Schelling – que dans le *Christianisme.* C'est lui qui représente la fin du processus théogonique de la mythologie. Ce n'est qu'avec le Christianisme que l'*esprit lui-même* – der *Geist selbst* – apparaîtra dans la conscience, libérant celle-ci du polythéisme mythologique, et ce dans son *intimité même,* et donc de façon

1. *Ibid.*, II, 2, p. 661 *sqq.*
2. *Ibid.*, II, 2, pp. 271-272.

définitive[1]. Le Dieu unique de l'esprit lui-même – comme unité absolue des trois puissances – ne pourra se manifester dans la conscience, prise jusqu'ici par le *Polythéisme,* que par un *acte* de *révélation*[2]. La philosophie de la mythologie débouchera sur la philosophie de la révélation[3].

Ingeborg SCHUSSLER
(Université de Lausanne)

1. Cf. *Philosophie der Mythologie,* I, 2, p. 255.

2. Toutes les religions qui opposent au Polythéisme mythologique un Monothéisme (relatif ou absolu), relèvent d'un *acte de révélation.* Cf. *Philosophie der Mythologie,* I, 2, p. 141 et pp. 175-181.

3. Je remercie Monsieur François Menoud, assistant diplômé à la Section de Philosophie de l'Université de Lausanne, de ses judicieuses remarques concernant quelques formulations françaises.

CONSCIENCE, MYTHE ET HISTOIRE DANS LA *PHILOSOPHIE DE LA MYTHOLOGIE* DE SCHELLING

1. INTRODUCTION

Les graves problèmes interprétatifs qu'impliquent le classement posthume de ses derniers écrits parmi ses *Sämmtliche Werke* ne diminuent en rien l'importance décisive que Schelling assigne à la *Philosophie de la Mythologie* dans le cadre de sa *Spätphilosophie* [1]. Une importance décisive non seulement eu égard à l'élaboration théorique de la « Philosophie positive » mais aussi du point de vue de l'aspect "architectural" du "système" élaboré par Schelling dans ses grands moments, sans jamais réussir à l'organiser parfaitement. Car de fait, en comparant ses cours réellement tenus, à Erlangen d'abord, puis à Munich et enfin à Berlin, avec la disposition des matériaux dans les deux volumes de la *Philosophie de la Mythologie,* on voit qu'on n'a opéré l'insertion de l'« Introduction philosophique à la Philosophie de la Mythologie, ou Présentation de la philosophie purement rationnelle » (*S. W.*, XI, p. 253-572) qu'en vertu de visées systématiques outrepassant nettement l'intention de l'œuvre elle-même. Il est toutefois certain que le développement concernant la mythologie constituait un "bloc" essentiel de la « Philosophie positive », constamment relié, et de façon fortement cohérente, à la *Philosophie de la Révélation.* Ainsi, les publications récentes de

1. Les œuvres de Schelling sont citées selon l'édition qui en a été donnée par son fils Karl Friedrich : F. W. J. SCHELLING, *Sämmtliche Werke*, Abt. 1, Bde. 1-10, Stuttgart/ Augsburg, Cotta, 1856-1861 ; Abt. 2, Bde. 1-4, Stuttgart/ Augsburg, Cotta, 1856-1858 ; en abrégé *S. W.*, I-XIV.

Nachschriften, comme celle de Lasaulx [1] ou comme celle qui reprend une édition ayant appartenu à Maximilien II [2], quoiqu'elles illustrent surtout le passage à la « Philosophie positive », ne prévoient cependant pas un "lieu" ni un "rôle" différent pour la *Philosophie de la Mythologie.*

Nous n'entrerons donc pas dans les problèmes "philologiques" qui dérivent de l'actuel classement de ce texte, parce qu'en tout état de cause ils n'influent pas sur le sens des thèmes que nous voulons aborder ici et qui concernent la conscience, le mythe et l'histoire.

2. CONSCIENCE

2. 1. *Le « processus à travers lequel la conscience est posée »*

La *Spätphilosophie* a un caractère fortement religieux qui se traduit par la volonté de se présenter comme l'exposition "systématique" du processus à travers lequel Dieu se pose lui-même. Objectivement, ce processus prend la forme d'une histoire de l'acte de devenir-soi-même de la part de Dieu, ou plutôt de son retour à lui-même à travers la nature, la conscience et l'histoire. Ce processus est présenté par Schelling comme une lutte entre les principes ou les puissances qui ont leur racine en Dieu même, ou mieux qui constituent la vie divine elle-même, laquelle n'est ni statique ni tranquille mais correspond à une extériorisation, c'est-à-dire une extra-version de soi par rapport à soi accompagnée d'un continuel dépassement de cette extériorisation : un mouvement par lequel « ce qui est simplement-Un » s' "extravertit" dans le multiple *(uni-versio)* pour parvenir à la fin à l'Uni-totalité consciente.

Il ne s'agit pas ici d'un processus de type émanatiste dans lequel le principe, de par sa nature propre, se déploie en une multiplicité ne garantissant aucune transcendance au principe même, ni aucune historicité au processus. Au contraire, le dernier

1. F. W. J. SCHELLING, *System der Weltalter. Münchener Vorlesung 1827/28 in einer Nachschrift von Ernst von Lasaulx,* hrsg. und eingel. von Siegbert Peetz, Frankfurt a. M., Klostermann, 1990.

2. F. W. J. SCHELLING, *Einleitung in die Philosophie.* Hrsg. von Walter E. Erhardt, Stuttgart / Bad Cannstatt, Frommann / Holzboog, 1989.

Schelling se préoccupe précisément de faire en sorte que le Principe ne soit pas déterminé par la nécessité intrinsèque d'exister, mais qu'il soit caractérisé en tant que potentialité radicale (liberté) ne *pouvant* s'actualiser qu'à travers une « décision » insondable. Le fait que Dieu puisse « produire » *(hervorbringen)* quelque chose qui n'est pas nécessité à exister est la garantie de sa liberté : seul un Dieu « créateur » est un Dieu libre. En polémique avec la tradition du rationalisme moderne qui caractérisait Dieu comme un être devant nécessairement exister, qui ne peut pas ne pas être, qui n'a besoin de rien en dehors de soi pour exister [1], Schelling pose un lien indissoluble entre le monothéisme et la création ; un lien s'étendant même à la conscience humaine en tant que phase du processus créateur des puissances.

Concrètement, le processus, le mouvement est provoqué par une tension *(Spannung)* entre des puissances (ou principes) qui s'excluent l'une l'autre tout en restant indissolublement liées. *Potenz* désigne ici le « pouvoir-être » dans le sens du τὸ ἐνδεχόμενον εἶναι aristotélicien (*S. W.*, XII, p. 114) : la possibilité active (δύναμις) qu'une chose devienne le contraire de ce qu'elle est dans le *Vorbegriff* divin (*S. W.*, XII,p. 114 n.). Bien que n'étant pas « quelque chose de palpable » et bien que ne pouvant être appréhendées et comprises que par le pur intellect, les puissances ne sont pas des abstractions, mais des forces *(Mächte)* réelles et efficaces. Dans la terminologie de Schelling les trois puissances sont : *1)* « ce-qui-peut-être » *(das Seynkönnende)*, c'est-à-dire le principe matériel ou le « sujet modifiable », appelé B, qui se situe à la base de tout le processus (*S. W.*, XII, p. 109) ; *2)* « ce-qui-doit- être » *(das Seynmüssende)*, c'est-à-dire « ce qui nie ce-qui-ne-doit-pas-être » *(das das nicht seyn Sollende Negirende)*, le principe médiateur, relativement spirituel, appelé A^2 ; *3)* « ce-qui-doit-être » *(das Seynsollende)*, le principe devenu pleinement spirituel, libre d'opérer ou de ne pas opérer, et appelé A^3 (*S. W.*, XII, p. 110-11).

1. Voir en particulier les leçons de SCHELLING sur Descartes, Spinoza, Leibniz, Wolff et Hegel, dans sa *Contribution à l'histoire de la philosophie moderne. Leçons de Munich* (*S. W.*, X, pp. 4-72, 126-164) ; leçons qui constituaient le début de la « Philosophie positive ».

Comme catégories fondamentales de ce processus, on a l'« exclusion» *(Ausschließung)*, par laquelle ce qui émane de la « décision» divine « exclut», nie le « pur étant» et le contraint à devenir un « étant pour soi» (*S. W.*, XII, p. 110) ; et le « dépassement» *(Ueberwindung)*, par lequel le principe successif contraint celui qui le précède à céder la place : à devenir periphérique après avoir été central, à se poser en inférieur après avoir été supérieur, à constituer le « sujet» et le « substrat» de l'élévation du suivant.

Par sa pure potentialité ou centralité, la première puissance est le fondement de la divinité tout entière, ce-qui-pose-Dieu ; par son « excentricité» de principe sorti-de-soi, elle est l'« altérité» *(Anderheit)* originelle qui constitue le *Prius* de la création. Une fois sortie d'elle-même, elle est soumise à un processus nécessaire où elle ne se révèle être Dieu que *de manière médiate,* c'est-à-dire moyennant un processus : elle devient ce-qui-génère Dieu, elle devient théo-gonique. En tant que telle, elle traverse toute la Nature, et à travers cette dispersion naturelle elle « rentre en elle-même », autrement dit dans sa propre « intériorité » *(Innerlichkeit)*, dans ce qui constitue la conscience de l'homme originel *(Urmensch)* (*S. W.,* XII, p. 118-19). Cette dernière apparaît donc comme constituée par le même *Prius* (B) qui est le fondement de la création, mais, dans la mesure où il est revenu en lui même et redevenu = A, il est à la fois conscience humaine et, comme il l'était à l'origine, « ce-qui-pose-Dieu» (*S. W.*, XII, p 119).

Or la substance (le *subjectum*) de la conscience, dans la mesure où elle est B qui est rentré en lui-même et s'est changé en A, n'est plus simplement B ni simplement A, mais une « réalité intermédiaire » *(ein Mittleres),* un «*tertium* par rapport à l'un et l'autre» : elle se trouve ainsi située au milieu, entre la première puissance, le pur B, et la seconde qui s'y oppose et qui pose A, et elle est elle-même *libre* par rapport à ces deux autres (*S. W.,* XII, p. 122). Cette essence, libre par rapport à B et à A, c'est l'homme originel, qui maintient encore en lui B, la potentialité "matérielle" originelle qui après la dispersion dans la nature est, en lui, rentrée en elle-même ; toutefois il ne la possède pas en tant qu'actuellement agissante mais « en puissance» : une « puissance » non "matérielle", une puissance réfléchie en elle-même qui s'est pour ainsi dire “spiritualisée”. Maintenant, la faire passer à nouveau de la potentialité, de sa latence dans la conscience originelle *(Urbewußtsein)*, à l’être, c’est provoquer une « répétition du processus *originel* », à ceci près qu’il s’effectue cette fois non plus dans l’extériorité naturelle mais au sein même de la conscience. Le fait que cette possibilité s’est réellement avérée, le fait que la conscience originelle à cédé à la tentation de ré-actualiser le B potentiel (qui en elle aurait dû rester tel), voilà ce dont témoigne historiquement le grandiose processus des mythologies (*S. W.*, XII, p. 122).

2. 2. *Les phases du déploiement de la conscience*

En tant que dépositaire de la puissance B retournée en elle-même, l’homme originel est donc, non pas *actu* mais *natura sua*, « ce-qui-pose-Dieu dans sa vérité et son unité absolue » (*S. W.*, XII, p. 185). La conscience se rapporte à Dieu de façon constitutive, elle « a Dieu *en* soi » au sens où l’on dit qu’un homme a une vertu ; voilà pourquoi, à peine sort-elle de son « état originel *(Urstand)*, à peine se meut-elle, elle s’éloigne de Dieu » (*S. W.*, XI, p. 186).

Il y a donc selon Schelling un « monothéisme » essentiel, pré- et sur-historique, affectant la conscience ; un monothéisme « naturel », non conscient, auquel toute l’humanité participait, mais dont on a ensuite perdu les traces (*S. W.*, XI, p. 188). Et le but de la « répétition du processus *originel* » que la volonté humaine met en branle à travers sa décision de faire passer à l’acte la puissance qui devait rester “potentielle”, c’est l’instauration d’un monothéisme authentique et conscient ; objectif auquel ne parviennent pas tous les peuples. Cette « répétition » survient à l’intérieur de la conscience, qui ne peut plus s’y soustraire, une fois qu’elle l’a déclenchée par sa « décision ». Ce qui se passe dans la conscience humaine, c’est un affrontement *(Streit)* entre les puissances originelles (*S. W.*, XII, p. 138), autrement dit le combat de la puissance relativement spirituelle pour « abaisser » B, le « délimiter », le réduire à l’état de « sujet », alors que celui-ci s’est à nouveau élevé au rang de principe exclusif.

Mais c’est également un « processus théogonique », qui « génère des dieux », dans la mesure ou ce processus dérive du

« rapport essentiel de la conscience humaine avec Dieu », rapport qui constitue cette conscience en tant que « ce qui pose Dieu », et rapport dont elle ne peut sortir sans y être reconduite « à travers un processus » (*S. W.*, XII, p. 198). Voila pourquoi la mythologie ne peut pas être le fruit d'une invention *(Erfindung)* humaine, mais renvoie au contraire à l'action de puissances théogoniques réelles (*S. W.*, XII, p. 128). Tant il est vrai qu'une fois que la conscience a posé Dieu dans sa vérité et son unité, le processus mythologique s'interrompt et sombre dans le passé, au sein duquel on en n'aperçoit plus, maintenant, que les ruines. Ceci dit la conscience n'est pas conscience de soi, mais de l'action irrésistible de la Puissance dont c'est le tour de dominer : en sorte que la conscience, tour à tour, tremble face à la colère de Dieu, s'inquiète d'en être abandonnée, exulte pour en avoir entrevu l'avènement, ou se console, pacifiée, parce qu'elle l'a reconnu comme étant l'Un-tout avec lequel elle vit désormais en un rapport devenu spirituel.

3. MYTHE

3. 1. L'apparition du processus mythologique dans la conscience

À cause d'une illusion et d'une duperie, dont on retrouve notamment la trace dans le récit biblique du péché originel, la conscience humaine « décide » de faire passer à l'état d'être le pouvoir-être (B) qui, en elle précisément, était revenu à soi, et qui lui avait été confié pour qu'il demeure dans la latence du pouvoir être. Comme on l'a déjà indiqué, cette « décision » met en branle une « répétition du processus *originel* », mais cette fois de façon tout intérieure à la conscience. La cause immédiate de la « décision » est l'illusion et la duperie, mais la cause véritable est la « duplicité » originelle, cette *natura anceps* dont la « loi universelle de Némésis » exige qu'elle soit manifestée[1]. Ce n'est pas un hasard, remarque Schelling, si la première représentation mythologique, Uranie, conserve en elle quelque chose de l'aspect ambigu, encore indéfini, qui est celui de la conscience à son

1. L' « unique et suprême loi cosmique » exige que « rien ne reste caché, tout devienne manifeste, clair, distinct et décidé », Némésis est en effet l'ennemie de toute duplicité, de toute ambiguïté (*S. W.*, XII, p. 142-43).

aurore : Uranie est en effet la κορή, la vierge non encore devenue mère ; dans la mythologie phénicienne, c'est même un personnage androgyne. Selon la terminologie de Schelling, c'est cette potentialité originelle, constituant Dieu lui-même, qui, sortie de la latence, *doit* entrer dans un « mouvement », dans un « processus » à étapes bien déterminées.

Par sa « décision », la conscience humaine est « entraînée » dans un processus qui la pose hors-de-soi, qui l' "expose" à l'histoire. Schelling parle de cette « décision » comme du point au delà duquel ne peut s'effectuer le rappel des souvenirs de la part de la conscience, parce que c'est par cette « décision » que celle-ci « se met en mouvement » : l' « au-delà » que nous devons postuler est ce qui est irrécupérable, ce qui est encore enfoui dans les ténèbres de la potentialité, ce qui est « immémorial » *(das Unvordenkliche)*.

Le caractère irrécupérable de cette décision originaire explique aussi pourquoi le processus qu'elle déclenche est commun à toute l'humanité, alors indistincte et sans division : ce n'est qu'ensuite que se réalise la différenciation de celle-ci en races et en peuples, lesquels se constituent non pas d'après des conditionnements biologiques ou naturels, mais sur la base des divers degrés d'évolution de l'unique réalité mythologique commune.

3. 2. Les étapes du processus mythologique

Une fois « mythologiquement affectée » la conscience est la proie du principe exclusif B, qui bien qu'étant "matériel", cherche à se faire valoir comme principe spirituel. Dans cette phase de domination absolue de la part de B, la conscience est "suspendue" et "dépassée" en tant que conscience humaine ; elle est détachée de son être précédent et ramenée à un « stade préhumain », dont elle ne se souvient plus maintenant (*S. W.*, XII, p. 145). C'est l'époque d'Uranus, de l'adoration du « profond et solennel silence du ciel » (*S. W.*, XII, p. 185), où l'homme nomade, parce que dépourvu de "centre", vivait même au niveau spirituel « comme dans un désert » (*S. W.*, XII, p. 186) et comme suspendu hors du temps (*S. W.*, XII, p. 177-88). Uranus est en effet un dieu exclusif qui « ne veut naturellement pas se faire chasser de la conscience, du centre », qui « s'oppose à la succession » ; il est par nature « non historique », en ce qu'il refuse d' « entrer dans le temps », et ne devient historique que s'il est « posé comme un passé » (*S. W.*, XII, p. 208).

Le deuxième passage a lieu quand B cède, devient matière pour la puissance relativement spirituelle A^2 ; il lui cède le centre et se rend périphérique : de cette manière, il se fait "matière" pour un développement ultérieur. Dans la représentation mythologique, c'est le masculin qui devient féminin, représenté par la castration du dieu exclusif, et par la vierge (Perséphone) qui devient la mère du nouveau dieu : c'est l'époque d'Uranie et du culte des éléments (*S. W.*, XII, p. 192-200). Uranie est le passage immédiat à la mythologie historique, c'est-à-dire authentique. De fait, ce n'est que lorsque le premier principe exclusif (= B) est devenu dépassable par le principe supérieur, que commence la véritable succession, et qu'est posé le polythéisme successif. Uranie représente donc le « tournant entre le temps anhistorique et le temps historique de la mythologie » (*S. W.*, XII, p. 200). Le polythéisme développé informe la mythologie égyptienne, la mythologie indienne, et la mythologie grecque, qui résume en elle-même et complète les deux premières. La mythologie grecque se ramifie et se complexifie en multiples divinités et événements qu'on retrouve à chaque phase ou qui caractérisent seulement certains moments, mais par dessus tout on a le motif conducteur du « dieu-qui-vient », Dionysos, dépourvu de toute auréole divine, qui n'est d'abord pas reconnu en tant que dieu et est soumis à des épreuves et à des tribulations, mais qui à la fin est réinstallé dans sa dignité divine.

Le résultat de ce prodigieux et presque inextricable processus mythologique réside dans la doctrine des Mystères : c'est en effet justement quand le principe devient ésotérique que le polythéisme exotérique peut se déployer pleinement. Ainsi, la mythologie grecque, dernière venue portant en soi le sens des mythologies qui l'ont précédée, livre et confie aux Mystères le principe de la « religion spirituelle achevée », où « l'esprit parvient à un rapport complètement libre avec la multiplicité de dieux qui restent suspendus au milieu, entre passé et avenir, et donc dans le présent et dans la conscience universelle » (*S. W.*, XII, p. 646).

3. 3. Le sens de la mythologie

Aux interprétations allégoriques et symboliques des mythographes contemporains, dont il apprécie d'ailleurs le savoir, Schelling oppose une interprétation de la mythologie véritablement originale et profonde. Pour lui, comme on l'a vu, la mythologie est un produit « naturel » de la conscience ; c'est un « devenir organique » au sein duquel il n'est pas possible de distinguer le fond et la forme, la matière et l'ornement. Ce qui dans le mythe constitue son élément doctrinal n'est pas « *extérieur* à l'histoire » qui le manifeste, car l'histoire elle-même *est* la doctrine et, inversement, l'élément doctrinal de la mythologie « est contenu précisément dans l'élément historique » (*S. W.*, XII, p. 198). Selon une formule devenue célèbre, la mythologie aux yeux de Schelling « n'est pas *allégorique,* elle est *tautégorique* ». Pour elle, les dieux sont des « êtres vraiment existants », qui « ne *sont* pas quelque chose d'autre que ce qu'ils *signifient*, mais signifient *seulement* ce qu'ils sont » (*S. W.*, XI, p. 195-96).

4. HISTOIRE

4. 1. Histoire, pré-histoire et sur-histoire

Face à la réalité historique du mythe, les explications traditionnelles semblent réductives et fausses et ne s'avancent en tout état de cause que jusqu'à l'instant préhistorique *(vorgeschichtlich)* où les dieux apparaissent, déjà épanouis et armés. On ne peut nourrir de doute sur leur réalité, non inventée, et sur l'empire qu'ils exerçaient sur la conscience, compte tenu des rites et des sacrifices, parfois vraiment cruels, qu'ils imposaient. S'il est vrai que comme dit Schelling, qui indique ce faisant la méthode qu'il a suivie dans sa recherche, s'il est vrai que la « véritable historicité consiste à découvrir le fondement objectif, et donc intérieur, du développement de l'objet lui-même » (*S. W.*, XII, p. 138), il faut, pour comprendre un phénomène aussi profond et universel que la mythologie, remonter au delà des événements rapportés par la tradition, pour anciens qu'ils soient. Il faut s'aventurer jusqu'à « avant tout événement », jusqu'à l' « événement » qui constitue la « conscience humaine archétypale » (*S. W.*, XII, p. 138), dont tous les événements découlent. Et cela ne peut être que « sur-historique » (*S. W.*, XI, p. 191). Cet événement a été assimilé à plusieurs reprises par Schelling à l'« altération » de la conscience qui l'éloigne du Soi divin et la soumet à la « succession nécessaire » des représentations mythologiques. Celles-ci doivent donc être considérées comme les produits « d'une conscience relativement *pré-humaine* » *(vorgeschichtlichen).* Autrement dit cette dernière a été reconduite à son « rapport pré-humain » *(vormenschliches)* (*S. W.*, XII, p. 129) dans la mesure où le principe "matériel", le passé *(Vergangenheit),* déjà soumis dans la nature extérieure, « réapparaît dans la conscience » et en fait sa proie. Par la production des représentations mythologiques, l'homme n'est pas, comme le pensaient certains mythographes, *« à l'intérieur de la nature »,* il est plutôt en dehors d'elle, « arraché » pour ainsi dire et devenu la proie d'une force anti-naturelle (ennemie de la nature substantielle) ou, par comparaison, « sur-naturelle », voire « extra-naturelle » (*S. W.* XII, 129). De fait – et c'est un point sur lequel Schelling revient souvent – par son premier mouvement, à travers lequel elle devient la proie du processus mythologique, la conscience se pose « par un véritable enchantement en dehors de la nature », « dans le *prius* de la nature qui est encore pré-matériel » (*S. W.*, XII, p. 184). Cet état pré-humain ne doit pas être confondu avec le caractère « obtus » et « insensé » que certains philosophes attribuent à l'homme primitif, il faut au contraire l'assimiler à ce à quoi les Grecs « faisaient allusion » au moyen d'expressions telles que θεόπληκτος, θεοβλαβὴς, etc. , qui indiquaient l'état de la conscience « possédée » et comme « frappée » par le dieu, par l'unilatéralement-Un. Quoi qu'il en soit, aux yeux de Schelling lui aussi, l'humanité première se trouve dans un état de non-liberté que nous ne pouvons comprendre, nous qui « vivons sous la loi d'un temps tout à fait diffèrent » : nous n'avons pas de termes de comparaison pour comprendre cette humanité « frappée d'une sorte de *stupor (stupefacta quasi et attonita)* », « saisie par un pouvoir *(Gewalt)* étranger » et « placée hors-d'elle-même » (*S. W.*, XI, p. 193). Voila pourquoi elle expérimente le processus théogonique « comme un *destin,* comme une *fatalité,* contre laquelle elle ne peut rien » (*S. W.*, XI, p. 192).

Mais l'homme ne peut durer dans cette situation d'« être-hors-de-soi », il doit tendre à sortir de cet "affalement" en Dieu, pour le transformer en un *savoir* sur Dieu et donc en un rapport libre. Toutefois ceci ne peut avoir lieu que graduellement (*S. W.*, XI, p. 189). En vertu de ce que Schelling appelle le « grand axiome », c'est-à-dire que « tout ce qui est vraiment possible est également réel » (*S. W.*, XII, p. 526), l'homme peut (et doit) donc exercer la potentialité qui connote son adhésion « substantielle » à Dieu [1]. Mais cela ne peut avoir lieu que « de manière graduelle ».

4. 3. Les phases de l'histoire

Mais pourquoi – c'est Schelling lui-même qui prévient la question – pourquoi est-il besoin d'un processus théogonique, pourquoi Dieu ne se révèle-t-il pas « d'un seul coup » en tant qu'Esprit ? Sur ce point Schelling semble se rapprocher beaucoup de la conception « progressive » de l'Absolu chez Hegel : pour Schelling aussi, Dieu ne se révèle comme Esprit qu'à travers un processus. Mais pour Schelling, cela ne découle pas de la nature de l'Absolu, cela dépend au contraire d'une « décision » qui ne peut pas se déduire logiquement et qui, « dès le début », dispose toute chose « en fonction de la plus grande liberté *(Freiwilligkeit)* ». Cela revient à dire que pour Schelling le « dépassement » ne doit pas relever de la « force » des choses, ne doit pas être inévitable. Ce qui « oppose une résistance » et « met en mouvement » le processus doit conserver « jusqu'à son épuisement ultime » sa volonté. Son devenir-autre ne doit pas « lui arriver de l'extérieur, par la force, mais de l'intérieur, de façon à ce qu'il soit graduellement poussé à se livrer spontanément à ce devenir » (*S. W.*, XII, p. 263). Cette « lente gradualité » avec laquelle ce qui oppose résistance « se livre » librement à ce qui le dépasse révèle précisément qu'une « loi » préside à cette transformation, qu'une « Providence » gouverne le processus (*S. W.*, XII, p. 263). Une

1. « ... c'est le caractère de l'esprit du monde *(Weltgeist)* en général de réaliser toutes les vraies possibilités, de vouloir ou de permettre la plus grande totalité de phénomènes partout ; oui, dans la façon même de procéder du monde, dont la seule lenteur devrait déjà nous convaincre, tout est prédisposé de manière à ce que chaque véritable possibilité se réalise » (*S. W.*, XII, p. 526).

« loi » et une « Providence » qui ne sont pas synonymes de Raison *(Vernunft),* mais de Liberté insondable.

5. CONCLUSIONS

Il me semble que l'attitude polémique du dernier Schelling par rapport au moment purement rationnel, et la nécessité qu'il ressent de partir de la donnée concrète pour en comprendre la positivité et l'historicité, se dégagent clairement de l'analyse pourtant rapide que nous avons menée sur quelques points de sa *Philosophie de la Mythologie.*

En particulier, en ce qui concerne la conscience, on a l'évidence d'un refus de considérer celle-ci dans la perspective de la "pureté", de la simple "réflexivité", de l' "auto-référentialité" du *cogito* cartésien, du *je pense* kantien et de l'*Auto-conscience* hégélienne. Pour Schelling, la conscience n'est jamais "pure", elle est « essentiellement » affectée par une Puissance supérieure, elle est « originellement » rapport à l'Autre. Elle ne peut donc être saisie à travers une analyse critique de ses capacités cognitives, mais par une enquête "génétique" reparcourant le cheminement qui l'a constituée « historiquement ». Cette enquête nous fait reculer au delà des frontières de l'histoire, et même par delà la préhistoire, jusqu'en ce "lieu" situé au delà du temps mondain, « par dessus-l'histoire », où une « décision » impénétrable la retire du « sein des Mères » et la livre au devenir.

En ce qui concerne le Mythe, il faut tout de suite remarquer que la surprenante originalité de l'interprétation « tautégorique » proposée par Schelling vient de la méthode qu'il adopte, sur la base précisément de sa pensée "positive" pour expliquer cette interprétation. Car pour Schelling le concept de méthode ne signifie pas une « simple série de trouvailles » *(Einfälle),* c'est au contraire une « succession de pensées » qui se développent de façon régulière et organisée à partir de leur noyau originel ». Il n'accepte donc pas les « connexions réelles » et se garde bien de les remplacer – cette critique est dirigée contre Hegel, mais aussi contre tout le rationalisme moderne par le « simple travail en filigrane *(Filigranarbeit)* du concept » (*S. W.*, XII, p. 672). Alors, pour comprendre la mythologie, on n'a pas besoin d'un savoir particulier, elle « s'explique pleinement d'elle-même » ; elle contient déjà en soi sa propre histoire (*S. W.*, XII, p. 670). De même que pour les processus naturels, dont l'explication ne doit pas être recherchée ailleurs que dans les fondements de leur naissance et de leur devenir (*S. W.*, XII, p. 671), de la même manière, pour ce qui est de la mythologie, les principes qui « appréhendés matériellement constituent son contenu sont également les causes formelles de sa formation initiale et de sa naissance » (*S. W.*, XII, p. 670).

C'est cette méthode qui permet d'interpréter le mythe non pas comme une allégorie, un symbole, ou de toute façon comme une réalité renvoyant à autre chose du point de vue de son sens, mais bien comme une réalité *tautégorique,* qui signifie ce qu'elle est. Ainsi, Κρόνος ne symbolise pas le dieu du temps, il est le « temps chaotique, qui réengloutit continuellement ses créatures », qui « génère et révoque ce qu'il a généré » ; il est le mouvement qui revient toujours sur soi (*S. W.*, XII, p. 302) et qui refuse l'histoire (*S. W.*, XII, p. 291).

En ce qui concerne l'histoire, les pages de la *Philosophie de la Mythologie* représentent une application des laborieuses méditations dont avait été tissé le projet grandiose et malheureux des *Weltalter*. Comme on sait, pour le dernier Schelling l'historicité ne s'identifie pas au « temps de l'être du monde », qui, n'ayant pas de passé et n'ayant pas de futur « *en soi* mais seulement *hors de soi* » [1], ne fait que se répéter soi-même et est donc répétition du même. En d'autres termes, comme dit encore Schelling, « la nature aussi est une histoire, mais une histoire déjà dissoute » *(verklungene)*. L'histoire véritable a lieu quand le passé, le présent et le futur ne sont pas une série de réalités substantiellement identiques, mais se détachent les unes des autres essentiellement : la succession irréversible des « temps » brise le « cercle » du temps du monde. Le temps *véritable* est linéaire, celui du monde est *circulaire.*

Le processus théogonique semble à première vue combiner les deux mouvements : le mouvement linéaire qui conduit le processus à son terme, et le mouvement circulaire qui repropose à chaque fois, encore qu'à des niveaux différents, le même événe-

1. *Nachschrift Lasaulx,* p. 16.

ment (Uranus castré par Κρόνος, Saturne castré par Zeus). Le mouvement circulaire reflète l'élément caduc, non essentiel, qui affecte et assombrit les représentations mythologiques, aussi suggestives soient-elles. Ce qui est par contre déterminant, c'est la conception "linéaire" d'un processus irréversible démarrant par une « décision » qui se révèle être certes « sur-historique » mais « fortuite », et qui est vécue comme un « destin » *(Geschick, Schicksal).* C'est à cause de cette linéarité que le « mouvement » de la conscience rythme l'apparition des différents dieux selon une nécessité intérieure, en les fixant comme des phases non interchangeables du processus théogonique (*S. W.*, XII, p. 423). Et c'est encore du fait de cette "temporalité linéaire" que les peuples dont la conscience s'est fixée sur une phase dépassée du processus théogonique, sont « expulsé[s] de l'histoire » (*S. W.*, XII, p. 296) et restent là « comme le résidu inerte » d'un processus qui leur est devenu incompréhensible et dont ils ont perdu jusqu'au souvenir (*S. W.*, XII, p. 296-97). D'où l' "homogénéité" souvent constatée entre le processus théogonique et le processus naturel qui en tant que processus terminé représente « la disparition du dieu réel » (*S. W.*, XII, p. 425) ; de même, le dieu s'étant retiré dans les ténèbres des Mystères, le processus théogonique parvenu à son terme renvoie la conscience mythologique à la « figure des choses », aux « traces » qu'il a partout laissées à sa place pour soulager sans toutefois combler le « pur désir », la « soif » (*S. W.*, XII, p. 631) du vrai Dieu de la Révélation.

Gian Franco FRIGO
(Université de Padoue)

L'ARTICULATION SUJET-OBJET DANS LA DERNIÈRE PHILOSOPHIE DE SCHELLING

On considère souvent, à la suite de Heidegger, que la pensée du dernier Schelling marque l'accomplissement de la métaphysique de la subjectivité inaugurée, deux siècles auparavant, par Descartes [1]. Sans contredire cette perspective, les analyses qui suivent voudraient seulement lui apporter une nuance : il nous semble, en effet, que dans l'œuvre de Schelling l'Être (ou plutôt l'Étant, *das Seyende*) est défini non pas tant comme *sujet* que comme *sujet-objet* et que, dans sa dernière philosophie, la précédence affirmée de l'objet sur le sujet débouche, par delà toute "ontologie", sur une confrontation de la singularité de la liberté humaine avec la singularité de la liberté divine – confrontation à propos de laquelle les notions mêmes de "sujet" et d' "objet" ne doivent être employées que dans un sens totalement neuf et indépendant de la tradition. Mais, pour comprendre toute la portée de ce renouvellement, il sera nécessaire de revenir brièvement sur les moments antérieurs de la pensée schellingienne : celle-ci, en effet, s'est construite comme une suite de variations sur un thème unique qui peut sembler étroit (sujet = objet, S = O), mais qu'elle a soumis à une série de métamorphoses et engagé dans une orchestration de plus en plus somptueuse. Nous tenterons donc de suivre les aventures de ce motif structural jusqu'à son explosion définitive, à la fois assomption et éclatement.

1. Cf. notamment la belle étude de J.-F. COURTINE, *Schelling et l'achèvement de la métaphysique*, in *Extase de la raison*, Paris, Galilée, 1990, p. 169 *sq*.

Nous partirons d'une indication du cours de Berlin où Schelling, retraçant (non sans quelques tricheries) le cours de sa carrière philosophique, identifie celle-ci à la "crise" ultime de la pensée moderne ; nous y lisons ceci, à propos de son premier système avoué comme tel, la philosophie de l'identité : « ce que nous comprenons maintenant sous le nom de l'Étant *(das Seyende)* n'est rien d'autre que le sujet-objet de la philosophie issue de Fichte [= la philosophie de l'identité] ... Fichte n'avait le sujet-objet que dans la conscience humaine ; la philosophie issue de lui supprima cette limitation et posa, à la place du sujet-objet de la conscience humaine, le sujet-objet universel et inconditionné » [1]. En fait, Schelling lui-même s'est accommodé de cette "limitation" pendant sept ans (des premiers écrits de 1794 à la *Darstellung* de 1801), et il n'est même pas parvenu d'emblée – non plus que Fichte, d'ailleurs – à la définition du contenu ultime de la philosophie comme sujet-objet. C'est seulement dans la seconde édition (1802) des *Grundlage der Wissenschaftslehre* qu'on trouvera la formule fameuse : *« Ich ist notwendig Identität des Subjects und des Objects : Subject-Object »* [2], et pour un lecteur avide, comme l'était Schelling en 1794, de retraduire la *Wissenschaftslehre* en un système de l'Absolu de type spinoziste, la tentation était grande de poser le moi non comme sujet-objet, mais, tout simplement, comme sujet absolu. Tel est le sens de la fameuse lettre à Hegel du 4 février 1795 : « Je suis entretemps devenu spinoziste ! Pour moi, le principe de toute philosophie, c'est le moi pur, absolu, *i. e.* le moi dans la mesure où il est uniquement le moi, où il n'est pas encore déterminé par des objets, mais posé sur la liberté » [3]. L'Absolu des premiers écrits de Schelling est donc un sujet pur, qui s'op-pose ce qui n'est pas lui (le non-moi) comme un pur néant auquel il se mêle pour engendrer par synthèse le monde de l'objectivité, qui est aussi celui de la conscience ou du sujet fini : celui-ci ne rejoignant le sujet absolu que dans l'action éthique conçue explicitement comme *Negation der Objekte* [4]. Mais, dès

1. *Philosophie de la Révélation, S.W.*, éd. Cotta, XIII, p. 77-78 (tr. fr. I, p. 99).
2. *Werke,* éd. I.H. Fichte, I, p. 98 n.
3. *Briefe von und an Hegel,* éd. Hoffmeister, I, p. 20.
4. *S.W.*, I, p. 237.

les *Lettres sur le dogmatisme et le criticisme,* Schelling va reconnaître qu'il est en fait impossible, si on en reste sur le seul plan de l'Absolu, de trancher en faveur du caractère subjectif ou objectif de celui-ci – de décider s'il est Dieu ou moi : la décision relevant d'un choix pratique finalement injustifiable. Dès lors, dans les textes suivants (qui aboutiront au *Système de l'Idéalisme transcendantal* de 1800), on va assister à un abandon du sujet pur au profit d'un sujet ("l'esprit") qui « n'est esprit qu'en tant qu'il devient pour soi-même objet, *i. e.* fini » [1]. Si l'Absolu n'est plus sujet pur, mais sujet-objet, on va de ce fait pouvoir observer deux tendances en lui : l'une (objective) par laquelle il est et s'étend spontanément à l'infini, l'autre (subjective) par laquelle il revient et réfléchit sur soi – en somme, une tendance expansive / centrifuge et une tendance réfléchie / centripète, analogues aux deux forces, répulsive et attractive, sur lesquelles Kant fait reposer la constitution de la matière. La philosophie transcendantale apparaîtra dès lors comme l'histoire de la prise de conscience du moi (S = O) selon trois étapes dont la première (théorique) correspondra à un primat de l'objectivité, la seconde (pratique) au primat de la subjectivité, la troisième, enfin, à l'égalisation des deux précédentes et à la position (esthétique) *pour* le moi de ce qu'il est dans sa totalité, *i. e.* sujet-objet. Dans la première étape, les deux tendances (l'objective et la subjective) s'engloutissent, se neutralisent et se synthétisent dans un produit commun (un *objet*) où elles se voilent et disparaissent ; mais la tendance subjective, qui est non seulement illimitée, mais illimitable, ressort de cette synthèse spontanée et se pose pour elle-même (S^2) dans la conscience de soi de la liberté pratique, qui apparaît dès lors comme le lieu d'une révélation du moi à lui-même (d'une position du moi comme *[als]* tel), mais sur le fond *(Grund)* maintenu d'une position inconsciente du monde objectif, comme si la *revelatio* supposait la *velatio,* le *comme* le *non-comme* ; mais puisque cette révélation est dès lors incomplète et laisse en dehors d'elle-même, comme sa base, sa dimension d'objectivité, un troisième moment va apparaître comme nécessaire, celui de l'activité esthétique ou géniale, à la fois subjective et objective, car commençant

1. *Ibid.*, p. 367.

consciemment et finissant inconsciemment : elle seule produit une œuvre qui réfléchit le moi (S = O) à lui-même dans sa totalité.

Mais ici surgit une question décisive : peut-on encore appeler *moi* cette totalité S = O alors que le moi implique la conscience de lui-même et correspond donc, *stricto sensu,* à la seule deuxième étape ? N'est-il pas paradoxal d'évoquer une activité inconsciente du moi (l'intuition productive), sinon une activité supra-consciente (le génie) ? C'est ce problème que la *Darstellung* de 1801 va résoudre dans un sens résolument non-fichtéen, amenant ainsi la rupture de Schelling et de son ancien maître : désormais, le sujet-objet primitif n'est plus *moi,* mais «l'*indifférence* totale du subjectif et de l'objectif »[1], et la philosophie devient philosophie de l'*indifférence* ou de l'identité. Cette identité, prise en soi, Schelling la désigne comme l'Absolu, l'Idée ou – plus rarement – Dieu ; cet Absolu se pose ou se cache sous la *puissance* de l'objectivité comme nature [(S = O) O] et il s'y fait le fondement de la manifestation de soi-même comme sujet dans l'esprit ou l'histoire [(S = O) S ou S^2] ; enfin, l'art réfléchit l'Idée en tant que Dieu – non plus dans son objectivité naturelle ni dans sa subjectivité spirituelle, mais comme sujet-objet souverain, comme lien ou copule des deux autres puissances. Dans la nature, pôle objectif de l'Absolu, comme dans l'esprit, son pôle subjectif, les trois puissances (S, O, =) reviennent du reste sous une forme contractée : ainsi, dans la nature, la matière correspond à l'objet, le processus dynamique au sujet, l'organisme à la copule (=) ; dans l'histoire, l'Antiquité fait figure de moment objectif, le christianisme de moment subjectif, la modernité les égalise. On observera que le moment subjectif présente toujours un caractère paradoxalement négatif et in-fini au mauvais sens du terme, alors que la plénitude de l'objet (la nature, l'Antiquité), dans lequel l'infini du sujet est comme contenu, constitue un équilibre de fait qui coïncide avec l'équilibre absolu – c'est ainsi que la Grèce est à la fois le moment *naturel* de l'histoire et celui de l'épanouissement de l'art : d'où une tendance de la philosophie de l'identité à privilégier le moment objectif, à n'être plus que *Naturphilosophie* et à éliminer

1. *Ibid.*, IV, p. 114.

ou marginaliser le sujet. Il va en résulter une nouvelle difficulté qui produira, à partir de 1809, un nouveau virage.

En effet, dans la philosophie de l'identité, la nature (le pôle objet) correspond toujours non à l'Absolu lui-même, mais au simple fondement *(Grund)* de son existence *comme (als)* tel : il y a donc une incongruité à la placer (de fait, sinon même explicitement) au dessus du sujet, *i. e.* de l'Absolu comme tel. Le tournant de 1809 conserve cependant la définition de l'Absolu proposée en 1801 et qui fait de lui « l'indifférence totale du subjectif et de l'objectif », mais il donne à *Indifferenz* une signification nouvelle. Dans les premiers textes de cette période (le *Freiheitsschrift* et surtout les conférence de Stuttgart), *Indifferenz* fonctionne comme synonyme de *Mischung* (mélange) et exprime le fait qu'en Dieu (désormais ouvertement nommé) ce qu'Il est proprement, ou ce qui en lui occupe la place du *sujet,* de l'idéal, de l'étant, de l'essence (autant de termes synonymes) est initialement mêlé à un élément impropre, à quelque chose qui en Dieu même n'est pas divin, mais relève de l'ordre du réel, de l'*objectif,* de la nature en tant que celle-ci est principe de la *Selbstheit* – de l'ipséité, du fait d'être un soi. Par un curieux renversement, c'est ce qui en Dieu est de l'ordre du sujet qui apparaît désormais comme puissance expansive – c'est par là qu'il est amour ou (en termes plus philosophiques) *das Wesen aller Wesen* ; inversement, c'est l'élément objectif-naturel qui fait qu'il se referme et se réfléchit en soi, c'est cet élément lui-même non-divin qui fournit à Dieu la “force” *(Stärke)* par laquelle il “consiste” [1]. La création correspond dès lors à une séparation de ce mélange : « Dieu se pose (en partie) comme première puissance, mais il ne peut pas se contracter comme réel sans se dilater *(sich expandiren)* comme idéal, il ne peut pas se poser comme réel, comme *objet,* sans en même temps se poser comme *sujet* (sans par cela libérer l'Idéal) ; et les deux sont un seul acte »[2]. Mais, dans les écrits ultérieurs, et avant tout dans les *Weltalter, Indifferenz* va cesser d'être synonyme de *Mischung* : traduit dans le registre du vouloir, il va désigner le fait d'être indifférent *à* ceci ou *à* cela – il va donc devenir l'équivalent de *liberté originelle (Ur-freiheit)* : « dans la volonté qui ne

1. *Ibid.*, VIII, p. 65.
2. *Ibid.*, VII, p. 434.

veut rien, il n'y a aucune distinction, ni sujet, ni objet, mais suprême simplicité »[1]. Celle liberté, qui comme telle n'est rien ou *das Nichts,* va s'attirer *(sich anziehen)* l'être, l'attraper comme une maladie, et devenir ainsi le *sujet* (captif) du vouloir ténébreux et resserré qui a surgi en elle ; alors qu'auparavant elle n'était ni sujet (= étant), ni objet (= être), elle est désormais l'un *et* l'autre, de l'étant mêlé à de l'être, du subjectif mêlé à de l'objectif – un “premier existant” qui doit engendrer son Fils (son Verbe) pour se démêler (ce démêlage est à nouveau la création même) et pour rétablir, mais cette fois comme réalisée, « l'absolue unité du sujet et de l'objet »[2]. La *Gottheit* (déité) initiale n'est ni sujet ni objet – le Père est ce en quoi sujet et objet se mélangent dans la confusion aveugle – le Fils est ce qui les distingue – enfin “l'Esprit” est ce en quoi ils s'articulent dans une liberté retrouvée dont la place demeure énigmatique (vu l'inachèvement des *Weltalter*), mais qui tombe peut-être en l'homme, en tant que celui-ci fait le lien entre le plan de la nature (= de l'être, de l'objet), et celui du “monde des esprits” (= de l'étant, du sujet). Mais dans tous les cas, sous toutes les complications baroques des différentes versions, les *Weltalter* rétablissent, contre les derniers textes de la philosophie de l'identité, le primat du sujet : Dieu, à l'état d'*Urfreiheit,* n'est certes ni sujet ni objet, mais il se découvre comme sujet dans son rapport à l'objectivité ou à l'être une fois qu'il l'a attrapé et qu'il tente de s'en débrouiller.

Qu'il s'agisse là encore d'une voie sans issue, c'est ce dont témoigne l'inachèvement des *Weltalter,* malgré l'obstination de Schelling à reprendre ce texte. C'est, semble-t-il, à l'occasion de ses cours à Erlangen (1820-1821) que Schelling va commencer à prendre conscience du vice caché qui est à la base de ces tentatives manquées. Certes, il ne remet pas en cause la définition de l'Absolu comme S = O, mais il procède alors à une révision de la signification de ces deux termes débouchant, en fin de compte, sur leur inversion. Il y avait, en effet, quelque chose de paradoxal, dans la philosophie de l'identité (mais déjà avant) à mettre l'objet à la place du *Grund,* du fond, alors que cette place semble normalement celle du sujet (*sub-jectum, sub-stantia,* ὑποκείμενον

1. *Die Weltalter (Urfassungen),* éd. Schröter, p. 22.
2. *Ibid*., p. 67

– ce qui gît au fond, en-dessous) ; dans les *Weltalter,* le paradoxe atteignait son sommet, puisqu'on y faisait du pôle-objet de Dieu ce par quoi Il est pour soi et se referme sur lui-même, alors que l'être au sens objectif désigne plutôt le fait de s'étendre, de se manifester, d'être hors de soi, et que c'est au contraire en tant que sujet que je suis en moi-même. C'est ce double paradoxe que le cours de 1820 commence de corriger : d'une part, il remet le sujet à sa place, c'est-à-dire en-bas (« tout va par nature vers le bas, vers la profondeur ; tout est en soi profond, parce que tout est originellement sujet » [1]) ; d'autre part, cette place du sujet, de la sub-stance, du *Grund* est explicitement identifiée à celle du *Seynkönnen,* de l'être en puissance, de ce qui *peut* être et ne pas être, mais qui, une fois qu'il est passé à l'être, n'est plus que « ce qui *pouvait* être et ne pas être, *i. e.* le contingent ». La place du sujet correspond ainsi à celle de la contingence, et le sujet est dès lors ce qui prend sur soi cette contingence pour en absoudre Dieu (ou plutôt l' "esprit absolu") qui, comme tel, ne saurait donc être qu'objet : « le sujet est le pouvoir-être, et l'unité actuelle [est] l'objet » [2] – autrement dit, Dieu se trouve du côté de l'objet, et le sujet n'est jamais que l'élément relativement extra-divin qui lui fournit un fondement en occupant pour lui la place de la contingence. Si confuse que puisse être, à sa place de transition, l'ontologie d'Erlangen, elle signifie qu'un virage a été pris, sur lequel Schelling ne reviendra plus.

Lorsque nous le retrouvons en 1827-1828, dans ses premiers cours à Munich, c'est pour trouver confirmée cette orientation. Schelling, en effet, y insiste jusqu'au paradoxe sur le statut non sub-stantiel, non sub-jectif de Dieu (ce qui, bien sûr, n'implique pas qu'il soit aussi non personnel) : « Dieu comme tel n'est rien en soi, il est seulement pure relation. Il est seulement Seigneur de l'Être ... Dieu est l'unique nature libre, *i. e.* non occupée en soi-même, qui n'ait absolument rien à faire avec soi-même. Tout substantiel a à faire avec soi-même ; mais lui est *sui securus,* donc il s'occupe avec d'autres et est en relation avec toutes les substances. Il est entièrement libre de soi, tout entier hors de soi ...

1. *Initia philosophiae universae,* éd. par H. Fuhrmans, Bonn, Bouvier, 1969, p. 91.

2. *Ibid.*, p. 89

tout entier procédant de soi ; il n'est pas centre [=sujet], mais essentiellement ex-centrique »[1]. En même temps, à partir de la 34e leçon (et sans du reste que Schelling se soucie d'effectuer un raccordement parfait avec les leçons antérieures), le sujet reçoit une signification nouvelle et elle aussi décisive. En 1820, le sujet était encore sujet de Dieu – d'où le problème, finalement irrésolu, de la relation de Dieu à cette subjectivité qui le fondait et qui, comme telle, restait non posée par lui ; en 1827, Schelling déclare au contraire : « nous ne posons plus ces deux choses, Dieu et l'absolu sujet de l'être, mais seulement Dieu et [= ou ?], si l'on veut, Dieu et le sujet (substrat) posé par lui de l'être concret »[2]. Le sujet n'est donc plus le pouvoir-être au fondement de Dieu, mais le pouvoir-être ou la puissance d'un être différent de Dieu : la création, et dès lors le rapport des deux termes peut se formuler ainsi : « Dieu n'est de lui-même ni sujet, ni objet, mais pure et absolue égalité à soi ; Il se fait inégalité à lui-même, l'être-autre est alors du côté du sujet [dans les *Weltalter,* elle était, rappelons-le, du côté de l'objet] et il en résulte qu'Il se possède lui-même en tant que lui-même seulement comme objet. Car en tant qu'il devient comme sujet un autre que soi, il doit être en tant que lui-même objet »[3]. Quelles que soient les retouches incessantes qu'il apportera à ce dispositif, Schelling a désormais trouvé sa voie, et nous pouvons désormais abandonner l'ordre génétique et examiner de manière purement structurale le rapport sujet-objet tel qu'il trouve lieu dans la dernière philosophie.

Celle-ci se présente, on le sait, comme l'articulation de *deux* philosophies – la philosophie négative et la philosophie positive. La philosophie négative se prétend l'héritière de la philosophie rationnelle pure telle qu'elle s'est élaborée à partir de Descartes – une philosophie, donc, où la raison rejette tout autorité extérieure ou objective (aussi bien celle de l'expérience que celle de la Révélation) pour ne prendre en compte que son contenu purement immanent, celui qu'elle trouve lorsqu'elle se prend elle-même pour objet. Or, « comme à tout connaître correspond un être, au

1. *System der Weltalter,* éd. S. Peetz, Frankfurt/M., Klostermann, 1990, p. 105.
2. *Ibid.*, p. 153.
3. *Ibid.*, p. 203

connaître effectif un être effectif, ainsi à la puissance infinie du connaître [= la raison] ne peut correspondre que la puissance infinie de l'être »[1] – ce qui n'est pas, donc, *un* être particulier, mais *l'* Être ou plutôt l'Étant même (τό ˝Ον). Si le participe est ici préférable à l'infinitif, c'est dans la mesure où un participe est à la fois un sub-stantif et un verbe, et donc signifie à la fois un sujet et un objet, une essence (= puissance) et un acte, étant bien entendu que c'est cependant l'essence ou la substance (l'absolument subjectif) qui est posé en premier. Et effectivement, de Descartes à Kant, le contenu par excellence de la philosophie rationnelle est fourni par le Dieu de la preuve ontologique, l'Étant κατ' ἐξοχὴν dont l'existence procède de l'essence. Reste qu'aux yeux de Schelling (comme de Kant) une telle prétention à l'existence est purement illusoire : en partant de l'essence, *i. e.* de ce qui se situe au pôle-sujet du participe absolu *(das Seyende)* – pôle qui est celui de l'en-soi et du possible –, une philosophie est condamnée à rester à l'intérieur du possible, de l'essence *(Was)* et ne parvient jamais qu'à une objectivité hypothétique que l'expérience doit confirmer. C'est qu'en effet l'Étant *(das Seyende)* n'est pas un objet *(Objekt, Gegenstand),* mais seulement une idée, et en vérité l'Idée par excellence, ce que Kant avait désigné par l'Idéal de la raison pure, l'*Inbegriff aller Möglichkeit* : quelque chose, donc, de fondamentalement subjectif et potentiel, qui contient « la matière pour toute possibilité »[2], mais qui cependant, étant un Idéal et non une pure Idée, suppose sous son universalité et son caractère potentiel une donnée qui est de l'ordre de la singularité, de l'actuel, donc de l'*objectif* au sens propre. En fait, chez Kant déjà, l'Idée de Dieu, ou l'Idéal de la raison pure, se présentait comme la synthèse (problématique) de deux notions d'origine différente, celle de l'*ens realissimum* (= l'Être en général, dont toute chose est la détermination et la limitation) et celle de l'existant nécessaire – deux notions qui répondaient à deux besoins bien distincts de la raison, celui de penser toute forme réelle sur le fond général de l'expérience possible et celui de trouver, dans la remontée de condition en condition, un inconditionné qui conjurât le cauchemar du *d'où viens-je ?* Dans la

1. *S.W.*, XIII, p. 64.
2. *Critique de la raison pure, AK*, III, p. 386-387.

mesure où le participe *(das Seyende)* de la philosophie négative présente la même ambiguïté, la seule démarche légitime va consister non pas à déduire l'existence objective de Dieu de l'Idée subjective que nous en avons, mais, inversement, à partir de cette Idée (= *das Seyende*) seulement pour en faire s'éliminer dialectiquement tout ce qu'elle contient de possible, d'essentiel, de sub-jectif (tout ce par quoi elle est *Inbegriff aller Möglichkeit*) jusqu'à ce que *finalement* il ne reste plus dans la raison que ce qui n'est absolument pas de l'ordre du possible – le deuxième élément, le plus profond, le plus caché, de l'Idéal de la raison pure : l'existence nécessaire. Est nécessaire, en effet, ce dont l'existence ne résulte pas d'un passage de la puissance à l'acte, du sujet à l'objet (car, dans ce cas, il aurait pu aussi bien ne pas exister qu'exister) – ce dont l'existence, au contraire, prévient et précède la possibilité. Et, comme *possibilité* est synonyme d'*indéterminé* et d'*universel*, l'existant nécessaire, excluant le possible, exclut du même coup toute universalité, toute essence, il n'est pas un quoi *(Was),* mais un *Dass* que nous n'appréhendions au début qu'enrobé dans la subjectivité de l'Étant (= de la possibilité universelle) et que la philosophie négative nous permet de dégager comme l'ultime résidu demeurant *dans* la raison quand tout le possible a été éliminé.

Mais, précisément, est-il encore légitime de dire : *dans* la raison ? Ce qui est dans la raison ne peut être qu'une *idée,* et toute idée est idée d'une essence, d'un *Was,* d'un possible, d'un universel : mais, avec l'existant nécessaire, nous avons affaire à quelque chose qui n'est pas de l'ordre du *Was* et qui ne se donne que dans une « idée renversée » *(umgekehrte Idee)* [1], une idée qui se dénonce elle-même comme idée et qui exige l'émergence d'un rapport tout nouveau. Ce rapport, on peut l'appeler *foi* (avec Jacobi) ou *représentation* (avec Reinhold) : en tout cas, il correspond à une attitude ek-statique où la conscience ne se replie pas subjectivement sur elle-même pour penser ce qui est le *Sujet* de tout être (l'Étant en général), mais où elle s'ouvre à une *objectivité* radicale qui la met *hors* d'elle-même – ce qui est d'ailleurs sa condition naturelle, car tout sujet n'est là que pour être le

1. *S.W.*, XIII, p. 162.

support d'un objet et toute réflexion implique une perversion, même si celle-ci se révèle finalement bénéfique. Tout concept – y compris celui de Dieu – qui atténuerait cette *étrangeté* absolue doit être ici laissé de côté : il ne reste plus alors que le fait miraculeux, étonnant, qu'*existit* – un événement im-pensable et à la limite im-possible par excès de réalité. La conscience ne saurait cependant en rester là, et cela pour un double mobile, théorique et pratique. Du point de vue théorique, en effet, intervient ici la "loi suprême" [1] de l'unité de l'être et du penser, en vertu de laquelle tout ce qui est doit avoir une relation au concept et donc être quelque chose ; or, dans le cas de l'existant nécessaire, ce concept ne saurait naturellement être *un* concept, mais bien "le concept de tous les concepts", l'Idée même, l'Étant : il sera donc nécessaire, après avoir fait s'éliminer la possibilité universelle, de la réintroduire et d'affirmer que si l'existant nécessaire (im-prépensable, *unvordenklich*) est quelque chose, il doit être ce par quoi tout est possible. D'autre part, du point de vue pratique, ce que je *veux,* ce n'est pas l'existant nécessaire, mais Dieu, le Seigneur de l'être *(der Herr des Seyns),* celui qui est le maître de tout être et en premier lieu du sien, car c'est uniquement en tant qu'il ne s'identifie pas à lui, mais le domine, qu'il peut s'occuper d'autre chose, et singulièrement de moi. C'est ce double mobile qui fait surgir la philosophie positive, laquelle ne sera pas pensée pure, mais connaissance effective. Dans la philosophie négative, la pensée dégageait l'existant nécessaire (l'objet absolu) à partir de l'Étant, *i. e.* du contenu immanent de la raison *subjective* ; dans la philosophie positive, il s'agira inversement de montrer comment Dieu se dégage de l'existant nécessaire (de ce qu'on peut appeler, par anticipation, son pôle *objectif*) dans lequel il était initialement pris et comme aliéné – et cela *de* toute éternité, grâce à l'apparition, en lui, de la puissance, de la possibilité d'autre chose, à savoir une création future.

Nous rappelerons ici brièvement le point de départ bien connu de la philosophie positive. La pensée part de cet objet radicalement non-maîtrisé qu'est pour elle l'existence nécessaire avec l'exigence de montrer que cette existence est celle de Dieu, du

1. *S.W.*, XI, p. 587.

Seigneur de l'Être, de l'*Überseyende*. Supposons qu'il en soit ainsi, que l'existence nécessaire soit celle de Quelqu'un qui ne se réduit pas à elle (comme c'est le cas chez Spinoza), mais qui soit quelque chose de *plus* qu'elle. Ce *plus* ne sera pas lui-même de l'ordre de l'existence (= de l'être en acte, ou de l'être sur le mode verbal), il sera dès lors de l'ordre de la puissance (du sujet), non pas certes vis-à-vis de soi (car Dieu *est* avant toute possibilité), mais vis-à-vis d'un autre être *possible,* par rapport auquel il fonctionnera comme *potentia potentiae.* Comme une telle puissance (= S), Dieu est donc libre à l'égard de son exister nécessaire, il peut le suspendre dans son acte sans risquer de le perdre, et il découvre ainsi qu'il est *das notwendig notwendig Existirende* [1] ; mais en même temps, comme existence nécessaire (qui lui est devenue du coup objective), Dieu est libre à l'égard de sa puissance "subjective", il peut la retenir (on a là un autre sens de la *potentia potentiae*), alors que le Dieu de Spinoza et de Hegel (et, ajouterons-nous, celui du premier Schelling) ne peut que se laisser aller aveuglément à la nature. Alors que dans la philosophie négative l'actualisation / élimination des puissances de l'Étant (S = O) s'effectuait dans l'ordre S, O, =, nous voyons ici ces mêmes puissances apparaître dans la successsion O, S, = : d'abord l'exister pré-possible (O) règne seul ; puis le pouvoir-être (S) surgit pour faire valoir ses droits, car la réalité qui pré-vient la possibilité n'élimine pas radicalement celle-ci, elle laisse subsister la possibilité de la possibilité ; enfin, celui qui est les deux à la fois apparaît *comme* l'indifférent à leur égard, donc comme le libre, l'Esprit.

Si nous appelons Dieu Celui qui est l'existant nécessaire, cette procession des puissances pourra être ainsi traduite en terme théologiques : *a)* Dieu est éternellement (O) *b) de* toute éternité, se présente à lui l'archi-possibilité *(Urmöglichkeit)* (S) d'un autre être, et elle lui offre ainsi un lieu (ποῦ) en dehors de son être, d'où il peut s'ob-jecter celui-ci *c)* Dieu s'éprouve comme S = O, comme libre ou indifférent à l'égard de son être qui lui est devenu objectif *et* de cette subjectivité qui a surgi en lui pour mettre son être à l'épreuve. « Libre de l'être grâce à son pouvoir-être, écrit

1. *S.W.*, XIV, p. 347-348.

Schelling, ce tiers est auto-puissance, auto-pouvoir, dans cette mesure pur sujet ; libre du pouvoir grâce à l'être, il est dans cette mesure, vis-à-vis du pouvoir, auto-être, auto-objet ; donc il est à la fois sujet *et* objet, donc de façon générale l'inséparable sujet-objet, ce qui doit être sujet et objet, et donc est esprit »[1]. Mais pas plus qu'à l'objet ou au sujet, Dieu ne se réduit à ce *et* (=), à cette copule qui présuppose l'O et le S dont elle est l'indifférence ; sa liberté proprement divine n'est pas la liberté d'indifférence, mais celle, glorieuse, de la seigneurialité *(Herrlichkeit)* qui fait de lui le maître de l'être comme du pouvoir-être (et de leur copule) et qui lui permet de bouleverser l'ordre des puissances, en faisant / laissant passer à l'être ce qui était une pure possibilité (pur S). Par là, il suspend son propre être (O), mais du même coup il l'engendre comme une puissance autonome (un Fils) qui a à se réaliser dans le surmontement de l'être aveugle et usurpateur, voué par là à être ramené à la latence et re-posé dans sa subjectivité. Au terme de ce surmontement, qui équivaut au processus de la création, surgit donc le sujet ré-stitué (S^2), et dès lors conscient de lui-même, chargé de lui-même *(compos sui)* en qui se résout la tension des puissances devenues personnes, et qui, du coup, apparaît seul dans un rapport direct avec la singularité de Dieu même. Ce sujet ré-stitué, c'est l'homme, « le lien de la divinité même »[2], qui regarde celle-ci, et que celle-ci regarde, à travers les trois visages que sont S, O et = (autrement dit, la puissance paternelle, le Fils et le Saint Esprit) : « l'Un me regarde pour ainsi dire de trois côtés. Il a vis-à-vis de moi trois visages et il est cependant Un. Ce que je regarde vraiment, cela me regarde aussi. Il me regarde de trois manières ; il tourne vers moi trois visages et il est seulement un »[3]. Seul de toutes les créatures, l'homme, ou plutôt Adam, l'homme unique de l'origine, atteint donc Dieu en tant que Père et Seigneur, dans sa liberté transcendante *(überschwenglich)*, et cela dans un face-à-face qu'on ne peut plus penser en termes de sujet et d'objet.

1. *Ibid.*, p. 354 (souligné par Schelling).
2. *Grundlegung der positiven Philosophie* (cours 1832-1833), éd. par H. Fuhrmans, Turin, Bottega d'Erasmo, 1972, p. 320.
3. *Ibid.*, p. 416-417.

C'est cette relation que va détruire la chute, introduisant ainsi le processus mythologique et le processus de la Révélation, dont l'histoire constitue l'essentiel du contenu de la philosophie positive. L'homme se laisse séduire par cette subjectivité abyssale qui lui avait été confiée, il la déchaîne à nouveau, et cette fois comme une puissance extra-divine ; et de ce fait il oblige l'objectivité de Dieu, le Fils, à se poser lui aussi comme une puissance extra-divine. Sans entrer dans le détail de cette histoire, nous n'en retiendrons qu'un seul point. Au terme du processus, deux figures se font face : le diable (ou le Satan) et le Christ. Le Satan, pensé en son fond, est cette même puissance subjective qui, de toute éternité, avait surgi en Dieu pour mettre à l'épreuve son existence nécessaire (ce qui, plus tard, devait surgir comme le Fils) ; il est la subjectivité même de Dieu, mais, par le fait de l'homme, posée comme extra-divine, comme Son *Unwille*. Ainsi qu'elle l'avait fait de toute éternité, cette puissance apparaît une dernière fois pour mettre à l'épreuve, pour "tenter" le Christ qui est l'incarnation de l'élément objectif de Dieu, de l'acte éternel de son exister nécessaire [1]. On sait que le Christ résiste à la tentation, mais que, cependant, il n'anéantit ni ne refoule ce principe qui représente la subjectivité coléreuse de Dieu ; il le désarme, au contraire, par sa mort volontaire, permettant ainsi l'advenue de leur égalisation sous la forme de l'effusion du Saint-Esprit. Ainsi, à la fin de l'Histoire, les trois puissances (S, O, =) qui, prises ensemble, constituaient la forme par laquelle Dieu se communiquait et se voilait à la fois – ces trois puissances se trouvent séparées de Lui et assignées chacune à sa place : le Satan (la subjectivité de Dieu) est replongé dans la nuit du non-être (μὴ ὄν), du possible d'où seules nos transgressions peuvent lui donner l'occasion de tenter de sortir ; le Fils (l'objectivité de Dieu) reste présent à jamais dans son corps ressuscité, et comme tel à jamais également distinct du Père (le Dieu de Schelling est un Dieu

1. Ce n'est donc pas par hasard que Schelling rappelle à ce propos (*S.W.*, XIV, p. 245) les légendes bogomiles qui font du diable le frère aîné du Christ : en effet, c'est déjà à propos du surgissement de l'archi-possibilité *(Urmöglichkeit)* que l'exister nécessaire est conçu par Dieu comme ob-jet, comme autre, comme Fils possible.

"cultivé"[1], distinct et possesseur de son être) ; enfin l'Esprit, ou la liberté, se réalise peu à peu dans la croissance de l'Église johannique, cette Église qui réaliserait l'équilibre (l'in-différence) du savoir et de la foi, de la raison et de l'autorité, du subjectif et de l'objectif – équilibre déjà amorcé dans la philosophie même de Schelling, à la fois négative et positive. C'est seulement dans le face-à-face de l'éternité que nous contemplerons Dieu lui-même, dans sa "nudité" *(Blossheit)*[2] ; présentement, il suffit que nous l'atteignions *per speculum in aenigmate* – à travers l'articulation désormais restaurée de l'Étant, du "participe" absolu (S = O).

Il y a, semble-t-il, un abîme entre cette baroque et grandiose construction et les maigres essais de 1794-1795. Néanmoins, le thème, d'un bout à l'autre, est resté le même – ce thème qui tient dans la si brève formule S = O (devenue, dans la philosophie positive : O = S). Simplement, au cours de cette "fugue" de soixante années, la formule s'est dédoublée et pour ainsi dire croisée avec elle-même. S, O, = (ou O, S, =) continuent de composer la figure de l'Étant, du participe par excellence, identité (=) d'un substantif radical et d'un acte (ou d'un verbe) absolu. Mais à travers cet être s'opère le tête-à-tête de ces deux uniques que sont Dieu et l'homme – tête-à-tête irréductible, nous l'avons vu, au simple rapport S - O, mais qui cependant lui fait écho à une octave supérieure. L'homme procède, en effet, de ce S que Dieu a laisser émaner de lui-même – il est ce sujet en tant que rendu à soi et intériorisé, devenu conscient, esprit, dans le surmontement même qu'il a enduré ; et si Dieu a laissé ainsi le S procéder, c'est que son unique besoin est d'être connu[3], de se faire manifeste à une conscience qu'il aura lui-même suscitée à partir du fond de sa propre subjectivité. Pour aller vers l'homme, Dieu doit s'arracher à son objectivité immédiate, et c'est cet arrachement que raconte la philosophie positive ; pour aller vers Dieu, la conscience humaine, « initialement maintenue et comme captive de et dans l'essence »[4], doit s'arracher à cette subjectivité immé-

1. *Philosophie der Offenbarung* (version Paulus), éd. par M. Frank, Frankfurt/M., Suhrkamp, 1977, p. 170.
2. *Grundlegung*, éd. cit., p. 438.
3. *Ibid.*, p. 470.
4. *Ibid.*, p. 456.

diate, et c'est cet arrachement qu'articule la philosophie négative. Mais, même délivré de sa subjectivité, l'homme reste sujet (*« das von seiner Subjektivität befreite Subjekt »* [1]) ; même distancié de son objectivité, Dieu reste l'objet par excellence, l'étonnant, l'admirable κατ' ἐξοχήν. La philosophie de Schelling est la dernière où l'être (*das Seyende,* S = O) serve pour ainsi dire de medium entre l'homme et Dieu – entre la singularité finie et la singularité absolue. Chez Kierkegaard ou Nietzsche, il n'y aura plus d'entre-deux – l'être se sera évanoui – et la rencontre de l'homme et du divin deviendra du coup, dans son abrupt, déconcertante et catastrophique. Mais notre intention finale ne saurait être de rattacher Schelling – penseur solitaire par excellence, bien que malgré lui – à une postérité qui (Rosenzweig mis à part) l'a soit non entendu, soit mal entendu ; nous espérons seulement être resté fidèle à l'écoute du thème obsédant et simple autour duquel se sont déroulées ses fabuleuses variations : S = O.

Jean-François MARQUET
(Université de Paris-Sorbonne, Paris-IV)

1. *Ibid.*, p. 416.

TABLE DES MATIÈRES

ACHEVÉ D'IMPRIMER
EN MARS 1994
PAR L'IMPRIMERIE
DE LA MANUTENTION
A MAYENNE
N° 85-94